DE SJAMAAN EN IK

Willemijn Dicke

De sjamaan en ik

EEN NUCHTER, GEESTIG VERSLAG
VAN EEN ZOEKTOCHT NAAR ZINGEVING

2019 Prometheus Amsterdam

© 2019 Willemijn Dicke
Omslagontwerp Jan van Zomeren
Foto omslag Nina Tulp
www.uitgeverijprometheus.nl
ISBN 978 90 446 3969 8

Inhoud

Hineni (proloog) 7
Militante atheïsten 11
De zenboeddhist 32
De poldersjamaan 53
De engel 93
De priester 129
Swami 164
Nogmaals de priester 180
De goeroe 196
Goeroemoe 224
Referenties 235

Hineni (proloog)

2017

'Jullie hebben allemaal wel eens een zelfgemaakte ansichtkaart van mijn vader ontvangen, waarbij de onderschriften nog raadselachtiger waren dan zijn tekeningen.'

Ik kijk de zaal in. Sommigen knikken, anderen glimlachen.

'Neem de afbeelding die we hebben gebruikt voor zijn rouwkaart: een eksterveer met daaronder de zin "Veren varen ook heen en weer". Wie weet wat Carel hiermee bedoelde mag het zeggen.

Al zijn kunstwerken waren pareltjes van indirecte communicatie. Lang begreep ik niets van die cryptische berichten, maar inmiddels ben ik ervan overtuigd dat zijn ansichten soms een vraag om liefde, en nog vaker een uiting van liefde waren. Je kon zijn boodschap alleen horen als je heel aandachtig luisterde.

Ik sluit mijn toespraak af met muziek van Leonard Cohen. De zanger schreef het nummer op drieëntachtigjarige leeftijd. Hij moet geweten hebben dat zijn eind naderde, want het lied bouwt op naar het Hebreeuwse woord "Hineni". In de Nederlandse vertaling hebben we voor dit begrip minstens drie woorden nodig: "Hier ben ik." Cohen laat Hineni volgen door "*I am ready my Lord*" – en dat zing ik met hem.'

Nu draai ik een kwartslag en richt me tot de gesloten kist, die ik net niet kan aanraken.

'Lieve papa, dat je moge rusten in Vrede en in het Eeuwige Licht.'

De hoofdletters lees ik, maar ik weet niet of de aanwezigen ze zullen opmerken. Ik knik naar de begrafenisondernemer ten teken dat hij de muziek mag starten en 'You Want It Darker' van Cohen vult de grenen crematoriumhal. Terwijl ik van het podium stap om weer tussen onze kinderen te gaan zitten, vraag ik me af of dit gitzwarte stuk toch niet te afwijkend is voor de familie en vrienden van mijn negenenzeventigjarige vader. Misschien had ik er beter aan gedaan een geijkt nummer uit het begrafenisrepertoire te kiezen. Zodra Cohen het woord 'Hineni' zingzegt, ben ik er met mijn aandacht weer bij. Ik heb dit lied talloze malen beluisterd en toch breek ik meteen. R. geeft een papieren zakdoekje aan en knijpt in mijn hand.

De uitdrukking 'Hineni' komt vaak terug in de Bijbel, en alleen in de meest cruciale passages. Zo antwoordde Abraham 'Hineni' toen God hem vroeg om zijn zoon Isaac te offeren.

Wie 'Hineni' in de mond neemt, zegt niet alleen dat hij hier en nu aanwezig is. Hij stelt zich onvoorwaardelijk beschikbaar, met alles wat hij in zich heeft. Hineni veronderstelt een oervertrouwen in de wil van God en geeft uiting aan een overgave – aan God, aan het leven – die bijna bovenmenselijk is. Ik ben bereid.

Ik denk dat mijn vader, net als Cohen, de dood verwachtte en zelfs verwelkomde, maar het lied heb ik niet alleen gekozen omdat hij zich bereid had verklaard om te sterven. 'Hineni' drukt ook míjn intentie uit: ik twijfel niet of mijn vader misschien nog langer had moeten leven en of het allemaal niet anders had gekund of gemoeten in zijn en ons leven. Hineni: ik vertrouw erop dat wat is gebeurd moest gebeuren voor ons en dat het goed is. Hineni: ik ben hier op de begrafenis om mijn vader te ondersteunen bij de oversteek naar huis. Weer naar Huis. Ik hoop dat ik kan bijdragen aan zijn terugreis doordat ik hier louter in dankbaarheid sta, liefdevol, zonder reserves, met alles wat ik te geven heb.

Dát is voor mij allemaal Hineni. Het zou wat ver voeren om dit allemaal uit te spreken op deze niet-kerkelijke uitvaart en trouwens, mijn toespraak was al aan de lange kant.

We houden receptie op een terras midden in de Veluwse bossen. De eiken en sparren reiken huizenhoog.

'Op Carel.'

'Op het leven.'

Na vier of zeven rondes bladen met bier en witte wijn overstemt mijn familie met gemak het ruisen van de boomtoppen. Ik sta bij mijn lievelingsneef, ooit de perfecte polderversie van Elvis Presley. Met zijn stem die even zwaar als warm is merkt hij op dat de glazen hier zo klein zijn, dat de inhoud van het glas zowat in zijn holle kies past. Hij grinnikt aanstekelijk om zijn eigen grap en moeiteloos krijgt hij ons allemaal aan het lachen.

Hij kijkt me aan.

'Goed gedaan, wijffie, die toespraak van jou. Mooi eerbetoon aan Die Ouwe. Dat einde... Ik wist niet dat jij in God geloofde?'

'Dat wist bijna niemand,' antwoord ik.

'Dus dit is jouw coming-out?!'

'Zo had ik het nog niet bekeken...'

'Op Willemijn, die uit de kast is!' proost hij luid.

'Ssssst,' maant mijn tante. 'We zijn hier wel op een begrafenis, hè.'

Militante atheïsten

2007
Kosten: aanschaf van ongeveer dertig pockets
van atheïstische schrijvers à 15 euro

In de vergaderzaal met hoge plafonds en houten lambrisering bespreken we de toekomstige projecten van de Wetenschappelijke Raad voor het Regeringsbeleid. De leden van de Raad, allemaal meer of minder eminente hoogleraren, hebben hun ideeën op papier gezet. In deze vergadering mogen de leden van de staf, onder wie ik, hun mening geven over de plannen.

De voorzitter neemt het woord. Hij wil een advies schrijven aan de regering over 'religie in het publieke domein'. Er volgen kanttekeningen, inspiratiebronnen en voorbeelden in andere landen waar op een bijzondere manier wordt omgegaan met religies. Mijn hart bonst als mijn collega-onderzoekers met commentaar op de proppen komen alsof we armoedebestrijding of internationalisering in het hoger onderwijs bespreken, of de gevolgen van marktwerking in de zorg. Die onderwerpen kun je prima wetenschappelijk bestuderen. Maar we hebben het hier over religie! Wetenschap en religie gaan niet samen en daarom is er geen plaats voor dit onderwerp in de Wétenschappelijke Raad voor het Regeringsbeleid.

Zien ze dan niet dat religie voor de onwetenden is? Dat

het iets is wat de samenleving vroeger nodig had, maar dat we inmiddels veel verder zijn? Hoe kun je én gepromoveerd zijn én religie serieus nemen? Natuurlijk zijn er een paar gekkies of heel dommen of onderdrukten in de samenleving die nog geloven. Maar dat duurt niet lang meer. Uiteindelijk zal iedereen zien dat religie niets anders is dan een verhaal door mensen, voor mensen.

Waarom denken ze dat religie ook maar iets te zoeken heeft in het publieke domein? Bidden doe je achter de gordijnen thuis en verder wil ik als burger van Nederland op geen enkele manier last hebben van die prehistorische dogma's die alleen maar bedoeld zijn om de vrijheid van iedereen, maar vooral van vrouwen en homo's te beperken. Die religieuzen moeten zich gewoon aan de wet houden en daarmee basta.

Ik ben recent nog op bezoek geweest bij Herman Philipse, hoogleraar filosofie en activistisch atheïst. Een van mijn intellectuele helden. Tot mijn grote verrassing ging hij in op mijn verzoek om een interview voor een rubriek in een bestuurskundig tijdschrift waarvoor ik schrijf. Sinds zijn 'Atheïstisch manifest' volg ik hem nauwlettend. Tijdens het gesprek bij hem thuis, waar we theedronken uit een antieke porseleinen theepot met bijpassende kop-en-schotel, vertelde hij dat hij onomstotelijk wetenschappelijk kon bewijzen dat God niet kán bestaan. Zijn conclusie: 'Als je er goed over nadenkt, is het niet vol te houden om in God te geloven.' Hear hear.

Iedereen die een beetje helder nadenkt weet dat religie onzin is. Toch zit hier een zaal met hoogleraren te discussiëren over de rol die religie in het publieke domein zou moeten spelen. Welnu, áls er al een rol is voor religie in de samenleving, dan zo klein mogelijk graag.

Als de beurt aan mij is om commentaar te leveren, kloppen mijn aderen in mijn hals en mijn handen trillen. 'Als militant atheïst ben ik van mening dat we dit onderzoek niet moeten uitvoeren.' Ik som steekhoudende argumenten op die de onmogelijkheid, onwenselijkheid en ondeugdelijkheid van een dergelijk onderzoek aantonen. De voorzitter glimlacht, maar maakt geen notities en geeft geen weerwoord. Een volgend staflid krijgt het woord en zij wijdt enige woorden aan de methodologische kanttekeningen van de onderzoeksopzet. De gedrevenheid waarmee ik het atheïsme bedrijf is voor sommigen relevant, maar voor de meerderheid hoogstens amusant. Het onderzoeksplan wordt aangenomen.

Mijn atheïsme is niet zomaar een toevallig kenmerkje van mij, het is een spil waar mijn leven om draait of in ieder geval een belangrijke voorwaarde voor mijn relatie, de opvoeding van onze kinderen, de keuze voor mijn vrienden en voor de inhoud van mijn werk.

Als ik een contactadvertentie moest plaatsen zou een belangrijke vereiste zijn dat mijn toekomstig partner atheïst is. Mijn man, onze kinderen en ik leven in een volledig onttoverde wereld, zoals de socioloog Max Weber dat noemde. Ik geloof niet in God, geesten, homeopathie, chakra's of andere gekkigheid en ik vind het belangrijk mijn kinderen voor dergelijke onzin te behoeden.

Als het konijntje van een vriendinnetje van mijn dochter doodgaat, zegt haar moeder dat het dier nu een ster aan de hemel is. Ik laat die vrouw praten, maar eenmaal in de auto op weg naar huis leg ik mijn dochter uit, zij is dan vijf jaar oud, dat het verhaal over het sterretje natuurlijk onzin is. Sterren zijn zonnen, een natuurverschijnsel. Dat heeft niets met geesten of zielen te maken. Als dieren doodgaan zijn ze weg. Fini. Net als mensen en alle andere levende wezens. Alles wat leeft gaat dood. Na de dood is het over en uit. Hoogstens bestaan die dode mensen of dieren nog in de gedachten van de levenden, of in een droom. Maar dood is dood.

'Waarom verzinnen sommige mensen dan dat die mensen of dieren naar de hemel gaan en daar verder leven?' wil mijn dochter weten.

Ik leg uit dat mensen dit soort verhalen verzinnen omdat ze bang zijn voor de dood. Daarom houden ze zichzelf voor dat ze na de dood nog voortleven als geest of dat ze naar God in de hemel gaan. En, nog een stapje ingewikkelder: mensen hebben ooit een God verzonnen omdat ze dan regels krijgen voor hoe ze een goed leven moeten leiden. Dit mag wel en dat doe je maar liever niet en weer iets anders is absoluut verboden. Dat vinden ze te ingewikkeld om zelf te bedenken.

Mijn dochter op de achterbank humt instemmend. Het is even stil. Dan zegt ze: 'Wij geloven niet in God, hè mama? Wij geloven in mensen.'

Ik kijk haar trots aan via de achteruitkijkspiegel.

Mijn dochter vervolgt: '...in mensen die werken.'

Ik moet lachen. De calvinistische roots worden kennelijk, ook al zijn ze twee generaties niet bewust geactiveerd, als compleet pakket doorgegeven.

De krachten die op kinderen werken om toch maar in het bovennatuurlijke te geloven zijn groot, continu aanwezig en duiken op in onverdachte hoeken. Oma's vertellen over de geboorte van Jezus of geven met kerst een Kinderbijbel cadeau want 'dat is toch ook cultureel erfgoed'; schoonvader neemt de kinderen mee naar de katholieke kerk en laat hen daar een kaarsje opsteken, en zelfs op de openbare basisschool is mijn dochter niet veilig. Op een dag vertelt een leerkracht over de Ark van Noach.

L. is onder de indruk van dit prachtige verhaal. Ik vind het belangrijk om deze latente gevoeligheid voor onzin meteen te ontzenuwen.

'Welke dieren zaten er allemaal in de Ark?' vraag ik.

'Nou, giraffen en leeuwen en zebra's en vogels en...' somt de vijfjarige op.

'Dus vleeseters naast grazers... Wat denk je dat er dan gebeurt? Denk je echt dat leeuwen gezellig naast een giraffe gaan liggen slapen?'

'Nee, die leeuwen zouden de giraffe en de zebra opeten!' antwoordt mijn dochter.

'Je moet goed onthouden: in een sprookje of ander verhaaltje kan alles...'

'Maar het is niet echt gebeurd.'

Goed zo. De orde is hersteld.

Ik ben niet altijd atheïst geweest. De kerk was als instituut weliswaar grotendeels verdwenen uit het gezin waarin ik opgroeide, maar we gingen eens per jaar, met Pasen, naar de Nederlands Hervormde Kerk. Bij die gelegenheid trokken we onze mooiste, nieuwe kleren aan. In het begin bezocht ik de kindernevendienst – de kinderen hoefden niet naar de moeilijke preek van de dominee te luisteren maar mochten knutselen, en daarbij werd uitgegaan van het Bijbelse thema dat in de preek voor volwassenen werd behandeld. Algauw bleef ik liever bij de volwassenen omdat ik genoot van het uit volle borst meezingen met de psalmen en gezangen die we op school hadden geleerd.

De protestantse ethiek die mijn vader van huis uit had meegekregen drukte een behoorlijke stempel op onze opvoeding. We waren zuinig en daar waren we trots op. Vakanties op campings, tweedehandskleding, meubilair dat decennia meeging. Tweemaal per jaar gingen we uit eten: een toeristenmenu van drie gangen voor vijfentwintig gulden. Buren met dure auto's of vrienden die luxueus op vakantie gingen vonden we onnadenkende verspillers, of patsers die gebrek aan karakter meenden te kunnen compenseren met uiterlijk vertoon. Toen op het schoolplein de hoelahoep in de mode was, vroeg ik of ik er ook eentje mocht. De volgende dag overhandigde mijn vader me een zelfgemaakte hoepel. Hij had een pvc-buis verhit met een aansteker, de twee uiteinden verbonden met een kurk en zo stond ik met mijn gelige, aangebrande exemplaar tussen mijn vriendinnen met hun glitter- en discohoepels.

Sport was in ons gezin onderdeel van de protestantse ethiek: op de bank hangen is lui. Sporten is gezond. Ik bleek talent te hebben voor schermen en ik werd geselecteerd voor de nationale equipe. Ik trainde vijf- à zesmaal per week. Ik vroeg me nooit af of ik het leuk vond. Op woensdagen trainde ik mee met de mariniers in Doorn. Die waren nooit zo zachtzinnig.

Ik was als zestienjarige trots op mijn buikspieren en zei tegen een marinier dat ik alles kon hebben.

'O ja, alles?'

'Ja.'

Ik spande mijn buikspieren aan en hij gaf me een lompe stomp in mijn maag. Ik werd er misselijk van en hapte naar adem.

'Pff, en dat was nog maar zacht, ik hield me in,' schamperde de marinier.

Buiten de spaarzin, de nadruk op nuttige tijdsbesteding en de jaarlijkse kerkdienst was er bij ons thuis weinig wat op onze protestantse gezindheid wees. Mijn moeder was wat dat betreft heel anders dan mijn vader. Zij was gelovig katholiek. Ze bad voor de heilige Antonius als ze iets kwijt was ('Heilige Antonius, beste vrind, zorg dat ik mijn horloge weer vind.') en ze stak kaarsjes op bij het Mariabeeld. Al haar dierbaren die waren overleden stonden op grote zwart-witfoto's in grenen lijsten op de kast. Mijn moeder sprak gedurende de dag, onder het koffiedrinken of stofzuigen, met die foto's, door ons 'de dodengalerij' genoemd. In tijden van nood of paniek wendde ze zich tot Maria. Tijdens een zeilvakantie in Friesland voeren we in een open bootje, een centaur. We zeilden hoog aan de wind; de zeilboot hing zo schuin dat we een beetje overboord moesten hangen. Mijn moeder dook op haar knieën, omarmde de mast en riep de heilige Maria aan. Haar geloof in Jezus en Maria was er altijd, maar wij schonken daar geen aandacht aan. Het was een gewoonte, niet anders dan het pulken aan haar dunne wenkbrauwen, de eindeloze stroom spreekwoorden die alleen zij gebruikte ('Kom je over de hond, kom je over de staart,'; 'Zonde? Zonde? Weet je wat zonde is? Boter op je kont smeren en droog brood eten.') en haar nicotineverslaving.

Mijn broer en ik bezochten een christelijke lagere school waar we elke dag een psalm of gezang zongen en ook dagelijks uit de Bijbel lazen. In alle lessen en disciplines stond God centraal. Tijdens een biologieles in de vijfde klas werd ooit de vraag gesteld: 'Wat is het verschil tussen mensen en dieren?'

Antwoord: 'Mensen kunnen in God geloven, en dieren niet.'

De schooldag begon met gebed en eindigde met gebed. We baden bijvoorbeeld voor de arme kinderen in Afrika, of voor een ziek klasgenootje. Ook thuis werd er gebeden. Voor het avondeten zegden wij het versje op: 'Here, zegen deze spijs en drank, amen.' Het geloof in God was niet sterk of iets waar ik me druk om maakte. Het was er gewoon, zij het latent.

Ik ging als gelovige twaalfjarige naar de katholieke middelbare school – een door mijn roomse moeder afgedwongen afwisseling na zes jaar christelijke gezangen – en ik verliet de school als atheïst. Ik weet niet meer precies wanneer ik opgehouden ben in God te geloven. In de brugklas was ik nog verliefd op onze godsdienstleraar, een Grieks-orthodoxe priester. Voor werkstukken en overhoringen haalde ik steevast negens en tienen. Ik heb een zo'n werkstuk in mijn dagboek geplakt. De docent had een grote krul door de laatste vraag gezet en daaronder geschreven: 'Het was een plezier om dit proefwerk na te kijken. Dankjewel, Willemijn.'

In dat schooljaar ging onze hond dood. Ik vroeg de godsdienstleraar of dieren naar de hemel kunnen gaan. Het antwoord van meneer Bakker was bevestigend. 'Ze kúnnen niet alleen naar de hemel, ze gáán allemaal naar de hemel want dieren kunnen niet bewust iets kwaads of slechts doen.' Dat antwoord was een ongelooflijke opluchting voor mij.

In hetzelfde jaar overleed onze buurman aan een hartaanval. We woonden in een rijtjeshuis en ik had de bons gehoord waarmee hij dood uit zijn bed was gevallen. Ik was kwaad op God omdat mijn buurmeisje nu zonder vader verder moest en uit boosheid heb ik enkele weken niet gebeden – om God een lesje te leren. Rond die tijd was ik hoogstens opstandig, maar het bestaan van God was evident voor mij.

Ergens in de hogere klassen van de middelbare school raakte ik ervan overtuigd dat geloof alleen nog kon bestaan voor mensen die of dom waren, of die bang waren voor de dood. Religie, God, geloof, de kerk: de hele constellatie was achterlijk en diende bestreden te worden. Ooit had religie een functie gehad in de maatschappij. Maar wij, modernen, hadden religie niet meer nodig. We konden natuurverschijnselen op wetenschappelijke wijze verklaren; het humanisme kon net zo goed leefregels aanreiken als de Bijbel.

Vanaf dat moment ging ik neerkijken op mijn moeders religieuze beleving, die ik kinderlijk vond. Zo maakte zij zich zorgen over hoe het nu in de hemel moest met mensen die na de dood van hun partner hertrouwd waren. De eerste vrouw van haar overleden broer was hertrouwd en het beklemde haar dagelijks hoe het zou gaan als Marja, inmiddels voor de tweede maal getrouwd, nu met Geer, naar de hemel zou gaan en verenigd zou worden met haar eerste man.

Toen ik eenmaal in Nijmegen studeerde, waar de katholieke invloed nog zeer merkbaar was, werd het atheïsme steeds belangrijker voor mij. Het waren de jaren negentig. Ik was lid van een traditionele studentenvereniging en in mijn meisjesdispuut zaten vrouwen die in God geloofden. Ze waren actief bezig met hun geloof. Ze volgden alfacursussen, ze gingen naar lezingen bij het Titus Brandsma Instituut en vormden Bijbelstudieclubjes. Ook al waren het ouderejaars en moest ik eigenlijk vereerd zijn als ze me uitnodigden om hen te vergezellen, ik bleef uit hun buurt. Ik wilde niets met geloof en gelovigen te maken hebben. Ik kon nog wel begrijpen dat laagopgeleide mensen in God wilden geloven. Mijn coulance jegens gelovigen hield echter op bij mensen die een wetenschappelijke opleiding hadden gevolgd. Die konden en moesten beter weten.

Gedurende mijn studententijd ontwikkelde ik me van iemand die een milde afkeer van het religieuze had tot een militante atheïst. Vooral dat de religieuzen niet konden of wilden inzien hoe onlogisch hun geloof was kon me razend maken.

Wij atheïsten zochten elkaar op. Ik omringde me op het einde van mijn studie bijna uitsluitend met mensen voor wie atheïsme een deel van hun identiteit was, net als bij mij. Met deze student-vrienden sprak ik niet over christenen maar steevast over christenhonden. Het CDA was de partij van de christenhonden. We maakten grapjes over de premodernen, de zwakkelingen die God nodig hadden omdat ze het leven hier en nu anders niet zouden aankunnen. We lazen boeken van atheïstische schrijvers als Karel van het Reve, Rudy Kousbroek en Maarten 't Hart. We volgden het nieuws van de vereniging tegen kwakzalverij en we spuugden op mensen die geloofden in homeopathie.

Ischa Meijer was een onbetwist icoon in de kringen waarin ik verkeerde. We luisterden regelmatig gezamenlijk naar zijn radioprogramma's en ik plande mijn avonden om zijn tv-interviews heen. Hoewel hij niet atheïstisch was, althans dat geloof ik, hielp zijn scherpe benadering om zin van onzin te onderscheiden. Het was briljant zoals hij in een interview gehakt maakte van Ramses Shaffy, die net terug was van een reis naar Bhagwan in India. Shaffy had zich op dat moment nog niet bekeerd en ging nog niet gekleed in rode gewaden, maar hij sprak wel over zijn interesse voor deze grote goeroe. Ischa Meijer wilde weten wat hij daar deed bij Bhagwan en wat het hem had gebracht.

'Wat kostte dat bezoekje eigenlijk?' opent Ischa Meijer het vraaggesprek.

'Drieduizend gulden.'

'En wat deed die goeroe?'

'Hij vertelde dat ik mezelf de vraag moest stellen: *Who am I*.'

'Voor drieduizend piek?! [Het publiek in de zaal buldert en joelt]. Wat weet je nu dan?'

'Dat het een heel belangrijke vraag is,' lacht Ramses Shaffy, zo onweerstaanbaar dat Ischa Meijer ook begint mee te lachen.

Tegen het einde van mijn studententijd werd bij mijn moeder, Margreet heette ze, longkanker geconstateerd. In 1995 stierf ze na een ziekbed van twee jaar. Ze was toen zesenvijftig. Voor haar ziekte was ze een vrouw geweest die de boel aan het lachen kreeg, die schwung in een dooie zaal bracht. De dagen door de week waren nooit haar forte. Het was geen vrouw die voldoening of eer zocht in het huishouden.

Pas veel later zou ik begrijpen dat het tamelijk exotisch was, zoals het er bij ons thuis aan toeging. Voor het avondeten volgden we bijvoorbeeld een weekschema. Op zaterdag aten we soep uit blik met stokbrood. Op zondag aten we bami of nasi van de slager in Apeldoorn – dat maakte hij heel goed. Op maandag was er macaroni. Dat maal bestond uit gekookte elleboogjes met blokjes gekookte ham erdoorheen. Desgewenst kon je tomatensaus (van het huismerk Komart) op je bord toevoegen en rauwe paprikareepjes (groen en rood). Op dinsdag aten we witte bonen in tomatensaus (uit blik) met witte rijst, rookworst en gebakken spekjes. Op woensdag was er 'blauwe hap' (Indische keuken) van de slager. Wat we aten op donderdag en vrijdag weet ik niet meer. In plaats van het fornuis schoon te maken zette mijn moeder na de afwas de pannen erop, zodat je de aangekoekte plekken niet zag. Eens in de twee weken kwam mevrouw De Graaf, en die poetste dan het fornuis.

Het huishouden was niet haar roeping, maar feesten kon ze. Op de tennisbaan liepen borrels en barbecues steevast uit de hand doordat mijn moeder de boel aanzwengelde. Ze maakte hoogleraren, middenstanders en ambtenaren aan het lachen. Ik herinner me de feestjes bij ons thuis. Diep in de nacht hoorde ik op mijn tienerkamer het geluid uit het cassettedeck. Eerst wild, maar allengs meer rustige jazz. Onze hond dronk 's ochtends de restjes bier uit de halfvolle glazen die herinnerden aan het feest. Zelfs de avonden met de ouderlingen werden nog enigszins gezellig. Eens in de zoveel jaar kregen we bezoek van de ouderlingen van de protestantse kerk. Iedereen dronk dan appelsap of sinaasappelsap. In de keuken zag ik mijn moeder in dezelfde sapglazen een sherryfles leegmaken. 'Ze zijn nog fijner dan gemalen poppenstront. Zonder drank is dit niet uit te houden,' zei ze tegen mij, met haar enorme glas sherry op weg naar de woonkamer. Ook de ouderlingen kreeg ze aan het lachen.

Deze vrouw, die feestjes kon bouwen als de beste, lag op het laatst als een kaal vogeltje dat niet meer kon eten in een veel te groot bed. Zakjes met vloeibaar voedsel gingen rechtstreeks met een slangetje naar haar maag. Ze bereikte nog maar zelden op tijd de wc. Mijn vader zegde zijn baan op om haar fulltime thuis te kunnen verzorgen. Als ze zich maar even fit voelde, dat ene moment van de week, maakte hij een autoritje met haar op de Veluwe. Ze dronken een kopje koffie en zagen een eekhoorn.

Geen moment tijdens mijn moeders ziekbed heb ik geloofd in een leven na de dood. Zij wel. Ik liet haar maar, zoals ze meer irreële wensen had. 'Volgend jaar sta ik weer op de tennisbaan.' 'Mam, wat zou ik hopen dat dát waar zou kunnen zijn.' De wens om weer op de tennisclub rond te lopen en de wens om bij God in de hemel te zijn waren identieke illusies voor mij. Begrijpelijk maar ontsprongen aan een geest die zijn eindigheid niet onder ogen durft te zien.

Mijn moeder heeft haar katholieke geloof niet aan mij kunnen doorgeven. Mijn vader had weer een heel ander geloof en ook dat beklijfde niet bij mij. Hoewel hij de calvinistische roots van zijn vader had meegekregen, was er ook een mystieke kant aan hem. Hij groeide op in Nederlands-Indië. Gedurende de eerste levensjaren had hij een kindermeisje dat hem verzorgde, zijn baboe. Hij heeft nooit afstand gedaan van haar verhalen over geesten in de waringinboom en over de Stille Kracht, maar hij gaf daar een eigen draai aan. Die stille kracht was er gewoon, meende hij, ze moest alleen nog even wetenschappelijk vastgesteld worden. Hij spelde documentaires op Discovery over vogels in een zwerm die zonder centraal commando allemaal tegelijk een bepaalde richting kozen, of vissen die een strak geleide choreografie in de school volgden en planten die elkaar waarschuwden voor naderende insecten. Er is meer dan wij kunnen zien en ooit zal dat wetenschappelijk zichtbaar worden gemaakt, was zijn overtuiging.

Diezelfde vader was voor het overige uiterst rationeel. Hij heeft me als tiener vaak begeleid bij het maken van keuzes. Het was nog lang voor het tijdperk van 'Volg je passie'. Ik worstelde met elke denkbare keuze: voor een schoolpakket, voor een vervolgopleiding, voor een loopbaan en voor een werkgever. Mijn vader ging dan met mij aan de eettafel zitten. Hij zette de opties naast elkaar. Ik noemde argumenten voor de ene en voor de andere mogelijkheid. Vervolgens kenden we gewicht toe aan die verschillende argumenten. Nu kon ik gemakkelijk optellen welke optie had gewonnen en klaar is Kees. Zo heb ik de eerste dertig jaar van mijn leven vrijwel al mijn beslissingen genomen, inclusief de vraag of ik aan het moederschap wilde beginnen en of ik, toen onze dochter was geboren, nog een tweede kindje zou willen.

Deze manier van beslissingen nemen, in combinatie met een flinke dosis discipline en een redelijk IQ, heeft tot een voorspoedig leven geleid. Ik heb binnen zes jaar mijn gymnasium B afgerond; ik werd verschillende keren nationaal kampioen schermen, zowel met de floret als met de degen, en maakte deel uit van de nationale schermequipe; ik heb mijn studie afgerond en ook heb ik kunnen promoveren. Ik heb een zorgzame man en gezonde kinderen. Ik heb interessante vrienden, een bijzonder huis, mooie spullen en we kunnen een paar maal per jaar op vakantie.

Met mijn carrière heb ik het goed voor elkaar. Inmiddels ben ik opgeklommen in de hiërarchie van de universiteit tot universitair hoofddocent – de rang onder het hoogleraarschap. Ik maak een goede kans om binnen een jaar of zeven hoogleraar te worden.

Ook naast mijn werk doe ik leuke dingen. Op mijn achtendertigste publiceerde ik mijn debuutroman. Ik schrijf columns. Voor het AD *Rotterdams Dagblad* heb ik een wekelijkse rubriek, 'De Buurtkroeg'. In het begin gingen vrienden nog wel mee naar die kroegen aan de rafelrand van de samenleving, lachen joh, even schrapen langs de bodem van het Rotterdamse nachtleven, maar inmiddels heb ik die rubriek meer dan een jaar en hebben mijn vrienden de authentieke kroegen wel gezien. Ze gaan liever met mij naar een arthousefilm of naar de Witte de Withstraat dan dat we een avond samen doorbrengen in een kansloze kroeg.

Dus ga ik alleen, elke week. En word ik dronken, elke week. Zo'n zestig Rotterdamse kroegen heb ik al gezien, van De Ballentent tot Daktari, van De Schouw tot 't Haantje. Het zijn bruine kroegen. Als er al koffie wordt geschonken, is dat uit Bravilor-kannen. Op de toog staan weckpotten met gekookte eieren op sap. Veel van deze kroegen hebben nog spaarkassen, waar de stamgasten wekelijks een bedrag sparen. Eens per jaar gaan de klanten samen op reis van dat geld.

Elke week schrijf ik een stukje van vierhonderd woorden voor de krant, waarin staat hoe de papegaai van de eigenaar het gehoest van de stamgasten imiteert. Die avonden verlopen allemaal anders, en toch hetzelfde. Het begint thuis. 'Ik ben tegen tien uur weer terug,' zeg ik tegen mijn man. 'Dat zien we wel, doe maar wat je moet doen. Je bent zó voorspelbaar in je onbetrouwbaarheid,' lacht hij. Met tegenzin stap ik op de fiets. Ik was liever thuisgebleven.

Ook de abonnees uit Lombardijen, Overschie, Charlois, Prinsenland en het Oude Noorden moeten zich in mijn stukjes herkennen. Dus fiets ik deze keer naar IJsselmonde of Pendrecht. Langs een leegstaand ziekenhuis en lege sportvelden nader ik het verlaten winkelcentrum. Flats staan treurig in het gelid. Frietbakjes schuiven over het asfalt.

Ik rijd een rondje om een café waarvoor een lezer van mijn rubriek me heeft getipt. 'Een gezellige, huiselijke kroeg.' Ik kijk naar binnen. Aan de bar zitten een paar mensen en achter de gokkast zit een jonge vrouw die haar haar zo strak in een staart heeft gebonden dat haar hoofdhuid naar achter wordt getrokken. Lampen met veel chroom hangen boven de bar. Ik zet mijn fiets op slot. Ik neem de tijd om me in te prenten waar mijn fiets staat en ook om mijn fietssleutel achter het ritsje van mijn sleutelboshouder op te bergen. Zo kan ik een taxirit besparen – het komt meer dan eens voor dat ik mijn sleuteltje of mijn fiets kwijt ben.

Ik ga naar binnen en word mompelend begroet door de mannen aan de bar die even opkijken maar geen van allen oogcontact maken. Het is meteen duidelijk dat ik hier niet hoor. Ik ben een hoogopgeleide kantoorjuffrouw. Ik spreek geen Rotterdams, ik bezoek tweemaal per jaar de tandarts, als ik niet met hen in de kroeg hang wandel ik in het bos en veeg ik de sneeuw van mijn stoep. Mijn wereld is op geen enkele manier verbonden met de radicale afgrond van deze kroegbezoekers uit de havens en slachthuizen. Meer dan eens dachten ze dat ik de mevrouw van de rookinspectie was. Alleen alcohol zal ons een beetje nader tot elkaar kunnen brengen. Bij het vijfde of het tiende biertje zal het verschil verwateren, alle glazen daarna zullen ons tot gelijken maken. Zo is het de afgelopen vijftig, zestig keer ook gegaan.

In kroegen als deze word ik dronken met uitbeners en taxichauffeurs. Met de stamgasten knoop ik gesprekken aan, of iets wat erop lijkt. De stille drinkers, met hun borreltje naast hun pils, zijn allang blij dat iemand naar hen luistert.

Als stamgasten vragen of ik nog een iPad nodig heb die van de vrachtwagen is gevallen – Nee? Een smartphone uit China dan? – weet ik dat het ijs is gebroken. Waarschijnlijk zullen ze dan ook beginnen over hun hekel aan Marokkanen. 'Van de Turken heb je weinig last. Het zijn vooral die Marokkaanse ettertjes die rotzooi trappen. Kastelein Gerard houdt ze mooi buiten. Blij dat we onder ons zijn, dat mag ik toch wel zo zeggen, u bent ook blank, nietwaar?'

Ik troost misschien een kok wiens vrouw er met zijn collega vandoor is gegaan, een bewaker die zijn baan heeft verloren. Na het tiende of twintigste biertje zal een Turkse gokkastenhandelaar me in mijn hals zoenen en vragen of ik met hem mee naar huis wil voor een deel van de nacht, niemand zal het merken en hij zal de taxi betalen. Of ik laat mijn hand lezen door een Armeense vrouw die zich verontschuldigt als de voorspelling niet honderd procent klopt: 'Ik ben eigenlijk koffiedikkijker.' Haar beschrijvingen van erfenissen, testamenten en ziektes zijn overigens zeer accuraat.

Intussen is het drukker geworden. Een groep mannen van rond de dertig jaar staat om me heen. Ze geven me in hoog tempo glazen bier van alweer een dienblad. Kan ik klaverjassen? Dan kan ik zo mee naar de kantine van de voetbalvereniging waar een kaarttoernooi is. En als ik niet kan kaarten trouwens ook, lachen ze. Het zijn metaalbewerkers en wegwerkers en nog meer werkers. Ze spelen samen in een voetbalteam en vertellen over die keer dat er een vrijgezellenfeest was van Henne en ook over die keer dat ze met zijn allen naar Keulen gingen, waar ze tien meter worst hadden besteld. Ze lachen om zichzelf, om elkaar en om mij. Kom op, nog een bier van het dienblad dat continu rondgaat.

Mijn glas is nog halfvol wanneer ik alweer het volgende krijg aangeboden van Wil, een blonde vrouw met opgestoken haar. Haar decolleté is even diep als bruin. Ze zal tegen de zestig zijn. Onafgebroken aait ze een klein pluizig hondje dat op haar schoot ligt. Ze vertelt over Rooie Nico die zijn vrachtauto verkocht terwijl die was geleased. Dat had hij al eerder gedaan met gehuurde geluidsapparatuur. Haar man heeft hem na een avond hier in de kroeg rechtstreeks naar 'Scheveningen' gebracht. Wil vertelt de verhalen, doorspekt met veel Rotterdams als 'pleurt op' en 'wij hier op Zuid'. Ze lacht zelf het hardst om haar anekdotes die al vaak verteld moeten zijn, zo perfect is haar timing. Het drinktempo ligt hoog, zelfs voor mij. Ik krijg de biertjes nauwelijks weg. Ze pakt mijn hand en zegt dat ik meeval. Er wordt geproost. Met de drank worden de verschillen niet overbrugd, maar ze verwateren wel.

Dan kom ik een mooie Kaapverdiaanse man tegen met geprononceerde jukbeenderen en een paar grijze haren bij zijn slapen. Hij heeft doorschijnend groene ogen, een gave huid en lange vingers. 'Ik ben Rico.' Hij is de kinderkamer aan het witten. Kijk, hij heeft verfspatten op zijn handen. Voel maar. We praten verder en hij heeft altijd wel een aanleiding om mij aan te raken. Wat een mooie oorbellen, vindt hij. Hij strijkt met de bovenkant van zijn wijsvinger langzaam over mijn oorlel. Ik moet zo gaan. Echt? Toe, nog eentje. Bij het afscheid schrijven we onze telefoonnummers op een bierviltje dat we daarna doormidden scheuren. Als hij zijn helft aan mij geeft, zegt hij: 'In het nieuws ben ik bekend als Rico R. Ik was een goede vriend van Klaas Bruinsma.' Ik mag hem altijd bellen. Om onze drankjes af te rekenen haalt hij een envelop vol vijftigjes uit zijn achterzak. Hij loopt met me mee naar buiten en ja, we zullen elkaar binnenkort bellen.

Ik vind mijn fiets direct en ook mijn sleutel tover ik zó tevoorschijn. Ik prijs mijn goede voorbereidingen. Met moeite priegel ik mijn sleutel in het slot. Ik fiets een paar meter en val. Het doet pijn, al weet ik nog niet precies waar. Onwillekeurig besteed ik geen aandacht aan mijn verwondingen, maar ik kijk op naar het grote raam van het café. Heeft iemand deze val gezien? Ik schaam me en stap snel weer op mijn fiets.

Al fietsend bekijk ik de schade. Mijn broek is gescheurd en er zit bloed op mijn linkerhand. Ik voel aan mijn wang, maar nu merk ik meteen hoe dronken ik ben. Ik slinger bijna het fietspad af. In de berm stuur ik bij. Met twee handen knijp ik in de handvatten. Ik probeer het slingeren te beperken, maar ik heb de volle breedte van het fietspad nodig.

Thuis bekijk ik mijn verwondingen nog eens. Verdomme, net een nieuwe broek en nu alweer kapot. Bloed op mijn hand en op mijn kin. Stigmata van een dronken avond.

Er ligt een briefje op de keukentafel.

'Heb je een goede avond gehad? Wordt het een mooi

stukje? Ik doe de kinderen morgenochtend wel. Welterusten. xxx'

Ik googel Rico R. Het is waar. Hij was een handlanger van Bruinsma. Ben ik gek geworden? Ik schaam me om mijn verwondingen en meer nog om mijn geflirt. Met lieden als Rico R. moet ik oppassen. Ik baal van mijn gescheurde kleding en zie opeens ook dat mijn dure schoenen zijn geschaafd.

Maar hé, ik heb wel wat meegemaakt en dat is meer dan de meeste mensen kunnen zeggen.

Een gezin, een boek, een nette baan op de universiteit, een rubriek in de krant.

'Jij bent een succes,' zegt een heer op leeftijd, die trouwens de baas van mijn man is en meteen daarna informeert of ik al een minnaar heb.

Ik heb geen enkele reden om aan zijn oordeel te tornen. Alle ingrediënten voor een succesvol leven zijn aanwezig. Ik vind er alleen helemaal niets meer aan.

De zenboeddhist

2009
Kosten: vijfdaagse stilteretraite à 250 euro

Ik word wakker met een kater en laat de verplichtingen van de komende dag aan me voorbijgaan. Elke activiteit is een stomp in mijn maag. Ik werk het gezinsschema af, ik kom de dag door, maar ik beleef er geen lol aan. Dat is geen klacht die gericht is aan mijn familie. Zonder gezin is de kans aanzienlijk dat ik ontspoor. Mijn kinderen dwingen me om zeven uur op te staan, broodtrommels te vullen en gymtassen klaar te zetten. Die regelmaat en routine zijn nog mijn enige houvast in mijn dobberend bestaan.

Van mijn werk kan ik geen voldoening meer verwachten. Ooit was mijn beroep mijn roeping, net als Max Weber het in zijn essay 'Wissenschaft als Beruf' heeft beschreven. Hij gebruikt *Beruf* in de dubbele betekenis: het is een betrekking of een baan, maar net zo goed is het een roeping. Wat ik als vijfentwintigjarige voelde als ik een sociologische klassieker las, of een ingewikkeld artikel eindelijk echt begreep, was beter dan verliefdheid. Intellectuele opwinding is fantastisch.

Tegenwoordig is werk slechts een logistieke opgave. Hoe zorg ik dat ik het onderwijs of de publicaties op orde heb? Ik zorg dat mijn inbox geen onbeantwoorde mails bevat. Ik wil niet dat collega's of studenten last van mij hebben.

De wetenschappelijke artikelen die ik schrijf, de subsidieaanvragen die ik doe, de interviews die ik verricht voor mijn onderzoek zijn allemaal invuloefeningen. De lol is verdwenen maar erger nog: ik heb de overtuiging verloren dat mijn arbeid van betekenis is voor de wereld. Het is allemaal zonde van mijn tijd en ik schaam me dood dat ik zo'n goed salaris ontvang voor zulk nutteloos werk. Ik vraag me voortdurend af welk werk wél nuttig zou zijn, maar ik heb geen idee wat ik dan zou kunnen doen, waar ik iets minder ongelukkig van zou worden.

Andere levenssferen brengen me evenmin plezier of bevrediging. Mijn debuutroman is niet de klapper geworden waarop ik hoopte. Inmiddels liggen er drie half afgeschreven manuscripten in mijn la – alle afgekeurd door de uitgever. Over mijn laatste manuscript merkte mijn redacteur op dat het slechter was dan Heleen van Royen en bij het afscheid gaf ze me een stapeltje geniete kopietjes mee. Het waren schrijftips.

Het moederschap is hard werken. Ik weet niet wie meer ruziemaakt: de kinderen onderling of mijn man en ik, over hoe we die kinderruzies het beste kunnen beteugelen. De dag begint met cornflakes tegen de muur, plukken haar die worden uitgerukt, spuugklodders in het gezicht. Tussen de middag zijn het lievelingstekeningen die moedwillig worden verscheurd. Legobouwwerken, met moeite in elkaar gezet en op de pronktafel uitgestald, worden van het balkon geflikkerd. Tijdens een uitstapje naar de speeltuin worden handenvol zand in elkaars ogen gewreven.

Nadat ik ze een moment, een miniem klein kort ogenblik, alleen thuis heb gelaten, zie ik als ik terugkom een gezichtje geplet tegen het raam, tevergeefs roepend om mama, om mij, twee handjes van broer om de keel. Het kost me moeite om de vingertjes los te peuteren en het duurt enige tijd voor dochter hoestend, hijgend, weer op adem is. Autoritjes eindigen steevast met mij op de achterbank, omdat er anders bloed vloeit. In het zwembad ben ik maar net op tijd als de een de ander kopje-onder duwt en in het hevige gespartel geen teken ziet om los te laten. Soms ben ik te laat en kan ik alleen maar janken om een ingetrapte deur, een van de muur gerukte badkraan of een stoel die door de manshoge ruit in de hal is gesmeten.

'Ik haat hem!'

'Ik vermoord haar!'

De aanpak van mijn man en die van mij verschilt diametraal en we zijn beiden even onsuccesvol. Van de laatste vakantie in Frankrijk zijn we eerder teruggekeerd omdat werkelijk niemand het ook maar een beetje naar zijn zin had. Het is niet te doen. Ik heb me heilig voorgenomen dat ik voortaan nooit langer dan drie dagen met het gezin op stap ga.

Ik vervul alle taken en rollen die horen bij een gezin met jonge kinderen. Maar áls ik dan alleen op pad ga, breek ik eruit en doe ik niet aan een eindtijd of laten-we-verstandig-doen-want-morgen-weer-een-dag. Een receptie ter gelegenheid van een tentoonstelling van een bevriende kunstenaar loopt uit op een afterparty in een kroeg, met een gezelschap van filmmakers, onwaarschijnlijk mooie studentes, een havenarbeider die Tsjechisch glas importeert en ook nog een man die zegt dat hij investmentbanker is en ach, het zou nog kunnen ook, met zijn halflange krulhaar dat met gel achterover is geplakt. Na nog wat rondes in het café zegt iemand, zegt iedereen dat we wat gaan eten en we sluiten in een restaurant aan bij bekenden van een van ons die ook nog vrienden bij zich hebben. Ik blijk een goede vriend te kennen van de Japanse kunstenares die naast mij zit. Haar valse wimper hangt scheef en we lachen. Later sluiten nog IJslanders aan die professioneel voetballen in Nederland, of het zijn ijshockeyers, dat kan ook. We leren het IJslands volkslied. In weer een andere kroeg zegt een pafferige man oud-speler van Feyenoord te zijn. Hij tapt slappe moppen in gebrekkig Engels, ik lach toch want wij begrijpen elkaar. De kunstenaar, de enige die ik kende voor deze avond begon, is inmiddels vertrokken. Dat is niet onoverkomelijk want de sliert vrienden voor deze nacht heeft constante verse aanvoer. Nu willen we dansen. Wie heeft pillen? Iemand kent wel iemand. Er loopt een traan over de wang van de investmentbanker. Als ik vraag waarom hij huilt, knikt hij naar de studenten en zegt: 'De jeugd. De schoonheid van de jeugd.' Ik kus zijn lauwe traan weg en we dansen en ik houd van iedereen en iedereen houdt van mij. Ik lach om grapjes, ik lach om mezelf. Ik hoor op deze wereld, hier en nu, zonder waarom en zonder waarheen.

Als de roes is uitgewerkt, bestel ik een taxi. Thuis probeer ik de voordeur zachtjes te openen om mijn man en kinderen niet te wekken. Dat blijkt niet nodig. Ze zijn al op.

Vier, vijf, zes doffe maanden volgen. Met uiterste inspanning zorg ik ervoor dat ik mijn plichten nooit verzaak, niet op het werk en niet thuis. Ik loer op mogelijkheden om uit te gaan, met collega's, voor mijn stukjes in de krant, met vrienden van collega's. Het lijkt of die avonden steeds extremer worden: meer drank, het wordt later, meer nieuwe onbekenden. Als het werk- of gezinsschema het enigszins toelaat, kruip ik in bed en zet ik de wekker om de kinderen uit school te halen. Tijdens mijn wandeling van en naar schoolplein zie ik niets, hoor ik niets. Ik doe wat ik moet doen. En dan is er weer een volgende dag.

Het lukt al een aantal maanden niet meer om een boek te lezen. Ik heb geen interesse in de verhaallijn of zelfs maar in de volgende zin. Niets doet ertoe en zo'n verzonnen verhaal in een roman al helemaal niet.

Op een avond, als ik alleen thuis ben, pak ik voor het eerst sinds maanden weer een boek op. Dit zou toch moeten kunnen. Kom op. Het is geen complete roman. Het is het hoofdstuk 'De grootinquisiteur van Sevilla' uit *De gebroeders Karamazov*, uitgegeven als apart boekje. Die avond lees ik het hoofdstuk in één ruk uit. Het lijkt wel of Dostojevski zijn woorden deze avond speciaal tot mij richt.

Mocht er al iets zijn overgebleven van mijn idee dat ik een succesvol leven zou leiden, dit boek vermorzelt het kleinste sprankje geloof in het welslagen van mijn bestaan.

In het laatste hoofdstuk van *De gebroeders Karamazov* ontmoeten de grootinquisiteur van Sevilla en Jezus elkaar.

Jezus is teruggekeerd op aarde en de inquisiteur heeft hem in de gevangenis laten gooien. Het laatste hoofdstuk is de monoloog die de inquisiteur tegenover Jezus houdt. Hij legt uit hoe het werkt in de kerk. Jezus gaat ervan uit dat mensen een wil hebben en dat ze zoeken naar vrijheid. Welnee, zegt de grootinquisiteur, zo werkt dat niet. Weet je waarom de katholieke kerk zo groot is geworden? De mensen leveren hun vrijheid in. In ruil daarvoor geven wij, de kerk, hun een leidraad. Dat ze hun vrijheid kwijt zijn hindert hen niet. Mensen hebben alles over voor zo'n leidraad.

Door de ogen van de grootinquisiteur bekijk ik mijn eigen leven en ik zie opeens hoe miezerig alles is. Ik heb niet eens de bescherming van de katholieke kerk gekregen in ruil voor het inleveren van mijn vrijheid. Ik heb uit eigen beweging dit leven met diploma's, een hypotheek en nette buren gekozen, met zo nu en dan een uitspatting in de kroeg als treurige compensatie.

Ik had geen idee wat ik voor mijn nette leven allemaal heb ingeleverd. Ik weet dat ik geen voldoening of plezier meer kan voelen en dat alles een sleur is: het brengen en halen van de kinderen naar hun activiteiten als zwemles, judo of tennis. Recepties en feestjes. Vergaderingen. De avonden thuis. Zelfs de avonden weg. Ik kan me over niets meer opwinden, ik word door niets meer geraakt. Wat voor sneu leven leid ik dat ik de momenten met MDMA, of sloten alcohol, of het liefst in combinatie, tot de lekkerste van mijn leven reken?

Tijdens het lezen van Dostojevski begint het me te dagen dat ik waarschijnlijk veel moet hebben opgegeven in ruil voor mijn succesvolle leven, maar nog steeds heb ik geen idee wat ik precies heb verloren en waar ik moet beginnen om wat dan ook terug te veroveren en waar die vrijheid van mij dan uit zou kunnen bestaan. Tot nu toe heb ik misschien enkele omtrekkende bewegingen gemaakt in mijn zoektocht naar geluk of zingeving. Na lezing van Dostojevski is de deksel van de beerput. De smurrie doet me walgen. Wat een kleurloos, nee, lévenloos bestaan.

Ik beslis dat het zo niet langer kan. Het gaat niet alleen om mij. Mijn kinderen hebben niet om hun bestaan gevraagd en nu zijn ze opgescheept met een matte moeder die de dagen uitzit. Ze verdienen een leukere versie van mij. Dat is mijn plicht.

Heel even overweeg ik therapie, maar dat idee verwerp ik snel. De weiden van mijn jeugd en potentiële trauma's zijn allang afgegraasd. In medicijnen geloof ik niet. Mijn gapend gat aan existentieel ongeluk is niet met een grammetje Prozac te dichten. Waarmee dan wel?

Re-wiring van je hersenen. Mentale hygiëne. Gymnastiek van de geest. Dat zijn woorden die me winnen voor zenmeditatie. Je hoeft niet in geesten of God of sterrenbeelden te geloven om profijt te kunnen hebben van meditatie. Zenmeditatie helpt om los te komen van emoties en denkramen. Het is een techniek, niet meer en niet minder. Net zoals je je lichaam moet trainen is dit een manier om je geest te oefenen.

Zen staat ver af van zweverige spiritualiteit – ik kan het woord niet eens uit mijn mond krijgen. Spiritualiteit associeer ik met middelbare vrouwen met hennahaar die sieraden dragen waarin grote stenen zijn verwerkt. Die vrouwen geloven in het lot, willen praten met bomen en breien de hele wereld aan elkaar, zonder behoefte aan een logisch en verklarend onderliggend systeem. Ik mag dan op zoek zijn naar een beetje lichtheid en lol in mijn leven, dat betekent niet dat ik mijn denkvermogen opzij wil schuiven.

Zen staat voor discipline, voor afstand en onthechting. Het zal een optimalisatie van mijn hersenen bewerkstelligen waardoor ik beter kan focussen. Feitelijk is zo'n meditatie eerder iets fysiologisch dan wat dan ook.

Met een vriendin schrijf ik me in voor een introductiecursus zenmeditatie. Een aardse vrouw van voorbij de zestig leidt deze sessies en zij leert ons de kunst van het zitten. Hoe te voorkomen dat je voeten gaan slapen of dat je pijn in je nek krijgt. Gewoon zitten en ademen. Of nou ja, gewóón zitten. Het zitten is aan regels, rituelen en geboden gebonden.

Dagelijks oefen ik thuis en ik lees van alles over het zenboeddhisme. In het woud van lelijke teksten springen de boeken van Ton Lathouwers eruit. Deze zenmeester was ooit hoogleraar Russische taal- en letterkunde. Hij beschikt over de minimaal benodigde intelligentie die hem geloofwaardig maakt voor mij. Bijkomend voordeel is dat hij een taal spreekt die ik beter begrijp dan new age en spiritualiteitsgefluister. Hij haalt teksten aan van Dostojevski, gedichten van Rilke om een centraal punt uit het zenboeddhisme te illustreren. Kijk. Die insteek snap ik.

Ik lees Lathouwers' boeken in bad, in bed, in de trein op weg naar mijn werk. Ik kijk naar videofragmenten en luister naar toespraken van hem op internet. Ik bestel zijn debuut, zijn proefschrift, zijn laatste boek, en het boek dat hij aanraadt in een interview, en het boek dat hij noemt in zijn boek.

Inmiddels heb ik een schap in mijn boekenkast ingeruimd voor boeken die nergens anders passen. Voor deze nieuwe categorie heb ik nog geen naam. Het is geen literatuur, maar de boeken horen ook niet echt bij non-fictie. Persoonlijke ontwikkeling dan maar? Hoe het plankje ook moet gaan heten, de eerste boeken op deze plank zijn het complete oeuvre van Ton Lathouwers.

Op internet stuit ik op stilteretraites die plaatsvinden onder zijn leiding. De retraite is weliswaar in een klooster waar ik als atheïst niets te zoeken heb, maar het gaat hier om zen en het klooster is slechts de locatie. Of ik ga is geen vraag meer voor mij. Hoogstens wanneer het in de gezinslogistiek het minst slecht uitkomt. R. gunt me deze retraite van harte omdat hij ook ziet hoe mat ik ben. Het begrip 'ongelukkig' mijden we allebei. Met het uitspreken van zulke grote woorden kan er zomaar een nieuwe realiteit ontstaan.

Op weg naar Steyl, Limburg, bekruipt me de twijfel. Kan ik niet beter iets léuks doen, een weekend met man of vriendinnen naar Dublin of zo, als ik dan toch voor het eerst sinds tijden van huis ga? Gedisciplineerd stilzitten is voor Indiase boeren die op het land werken heel gezond, maar voor mij als kantoorwerker is het misschien veel beter om in de bergen te wandelen.

Het klooster waar wij verblijven wordt bewoond door de zusters van het Heilige Hart. Het zijn missiezusters die hun hele leven op andere continenten hebben gewoond en nu hun levensavond in dit klooster doorbrengen. Het trappenhuis is versierd met posters en ansichtkaarten met lachende kindergezichten uit de landen waar de missiezusters actief zijn. Op een formicatafeltje staat een grijze telefoon met een draaischijf. Naast het toestel staat een vergeeld pennenbakje met een reclameopdruk van een installatiebedrijf. Het bakje stamt nog uit de periode van voor de invoer van het tiencijferige telefoonnummer in Nederland.

In een kale ruimte wachten we tot de eerste meditatie begint. We drinken koffie en kruidenthee. Iedereen zwijgt. Ik dacht dat ik die stilte ongemakkelijk zou vinden, maar het is wel fijn om even geen gebabbel te hoeven horen. De zenmeester, Ton Lathouwers, stapt op mij af. Hij draagt een spijkerbroek en een spijkeroverhemd. Het is een man van in de tachtig met een tengere gestalte. Hij oogt niet breekbaar, eerder tanig. Hij geeft me een hand en legt dan zijn andere hand erbovenop, mijn hand is omsloten door zijn twee handen. 'Een nieuw gezicht voor mij. Fijn dat je er bent. Ik hoop dat je je snel welkom zult voelen.' Daarna vallen we meteen weer de stilte in.

Ik ben ontroerd dat hij mij tussen de tachtig gezichten heeft opgemerkt als nieuweling. Ik ben gezien. Het is fijn om opgenomen te worden in een groep, maar er is meer aan de hand. Ik ben vooral van mijn stuk dat deze zengrootheid zomaar naar mij toe komt. Alsof het idool uit mijn tienerjaren, Rod Stewart, tijdens zijn concert van het podium komt om me persoonlijk te begroeten.

Klokslag twee uur zet iedereen zijn theekopje neer, en lopen we naar de kapel van het klooster die als meditatieruimte dient. Op de grond liggen matjes netjes in het gelid. Mensen hebben hun eigen kussentje of meditatiebankje meegenomen. We lopen in een rij de kapel binnen. De mensen voor me maken een buiginkje voor een Boeddhabeeld.

Ik schrik. Buigen voor beelden, dat doen we toch sinds het gouden kalf niet meer? Bij mijn introductielessen zenmeditatie in Rotterdam stond er wel een Boeddhabeeld in de hoek, maar daar maakten we geen buiging voor. Ik bevries en ik kan geen stap meer zetten. Ik, die vanuit atheïstisch activisme tracht wetenschappelijke rapporten over religie in het publieke domein tegen te houden, sta nu in de kapel voor een Boeddhabeeld. Buigen of niet buigen, dat is de vraag. Als atheïst kán ik niet buigen voor een beeldje.

Of ik volg mijn geweten en ik weiger een buiging te maken. Waarschijnlijk stoot ik dan andere mensen voor het hoofd en ik wil met respect omgaan met hun zentraditie. Een andere mogelijkheid is wél buigen, zonder dat ik het meen. Dat is niet oprecht, en draait het daar juist niet allemaal om in deze stilteretraite? Nog langer dralen kan niet, want ik houd de hele rij op. Iedereen staat te popelen om naar zijn matje te gaan.

Ik maak een halfslachtige buiging en loop met mijn

gisteren aangeschafte meditatiebankje naar een hoekje in de kapel. Ik ben ontevreden: over mijn halve buiging, over mijn gebrek aan voorbereiding (had ik dit niet kunnen weten?) en vooral over de ontrouw aan mezelf.

Dan klinkt de gong. In de stilte die nog stiller is dan zojuist in de koffieruimte breek ik mijn hoofd over het wel of niet buigen. Elke keer dat we de kapel betreden zal dit dilemma terugkomen en ik kan natuurlijk niet iedere keer die rij ophouden. Ik besluit mijn buigbeslissing uit te stellen. Deze vijf dagen zal ik meebuigen. Daarna zal ik in alle rust bepalen of dit buigbezwaar onoverkomelijk is voor toekomstige retraites of zelfs voor de zenbeoefening.

Na twintig minuten slaat dezelfde persoon weer op de gong. We staan op, doen onze schoenen en jassen aan en gaan in stilte in een lange rij de kloostertuin in om lopend te mediteren. De winterse tuin verstilt mijn gedachten. Eindelijk is het buigen of niet-buigen even op de achtergrond geraakt.

De kleine kloosterkamer deel ik met een vrouw die een ervaren bezoekster van dit soort stilteretraites blijkt te zijn. Ze is ook moeder. Haar tienerdochter is dit weekend bij haar vader en de dochter zal voor het eerst zonder begeleiding uitgaan en zelf thuiskomen. De vrouw verontschuldigt zich omdat ze mijn stilte doorbreekt, maar ze moet echt even bellen met haar ex-man. Ze wil weten welke afspraken hij heeft gemaakt met hun dochter en of hij de telefoonnummers heeft van de andere ouders. Er volgt een telefoongesprek dat niet zozeer haar zenervaring maar vooral een jarenlange voorgeschiedenis van ergernissen en verwijten verraadt. 'Maar wat heb je dan precíes afgesproken? [...] Nee, dat dacht ik wel.'

Op het nachtkastje ligt een Bijbel. Mijn kamergenoot bladert in het boek en leest een passage voor over liefde. 'Of je het nu zen noemt of christendom, het komt in wezen allemaal op hetzelfde neer, vind je niet?' zegt ze.

Ik zeg dat ik dat nog niet zo weet en dat ik graag probeer om de stilte vol te houden.

'Ach tuurlijk, dat deed ik de eerste keren ook.'

Ik wil gaan slapen, maar de tienerdochter is nog niet gesignaleerd, zo blijkt. De moeder blijft sms'en, bellen, zuchten. Tegen twaalven heeft ze haar ex-man aan de telefoon. Hij zal haar sms'en als de dochter thuis is. De vrouw gaat in bed liggen met de telefoon op haar hoofdkussen. Ze valt als een blok in slaap en ze snurkt. Ik word wakker van de sms'jes, maar zij slaapt erdoorheen. Als om vijf uur mijn wekker gaat, blijft zij liggen. 'Ik sluit me wel aan rond acht uur, ik ben niet zo'n ochtendmens.'

Oefeningen in mildheid.

Om zes uur in de ochtend begint het retraiteprogramma. Ik zit op een matje vanwaar ik uitkijk op de hoge gebrandschilderde ramen. In de laatste momenten van de eerste meditatiesessie, net voor de wandeling in de kloostertuin, komt de zon op. Langzaam wordt het licht dat door de ramen valt feller. Een warme gloed komt naar binnen. Dan, in het hoekje linksonder, piept opeens een iele zonnestraal door het glas-in-loodraam van de kapel. Het is alsof de zonneschijn pulseert, als een ragfijne laser. De straal is er even, maar dan wordt de draad weer onderbroken.

Alsof de zon bibberend en aarzelend haar eerste schreden zet. Een paar seconden later breekt de straal volledig door en zet een hoekje van de kapel vol in het licht.

Die eerste stralen van de dag ontroeren me. Ik laat mijn sentimentaliteit onwennig toe. Het gevoel is even warm als dat het ijl is. Zo denk ik het te voelen, en zo glijdt het weer als zand tussen mijn vingers.

Het geluksgevoel is minder massief dan bij een pil, en minder meeslepend dan tijdens een avond in de kroeg. Maar het kan dus wel, een roes, of nou ja, een roesje, op de nuchtere maag op een zenmat.

Midden op de dag volgt een programmaonderdeel waar ik het meest naar uitkijk. Ton Lathouwers houdt een verhaal voor de groep, het enige ogenblik van de dag waarop de stilte wordt verbroken. Ik was al onder de indruk van zijn boeken en interviews en nu ik hem in levenden lijve meemaak neemt mijn bewondering alleen maar toe. Ik heb nog nooit iemand ontmoet die tegelijkertijd zo wijs is en zo bescheiden.

Toen hem transmissie werd verleend door een zenboeddhistische meester kreeg hij de naam 'Hui Yu' mee, dat 'vriend van wijsheid' betekent. Hij is zonder meer de geestelijk leider van de groep. Maar het is ook een man in spijkerbroek en fleecetrui die geen plichtplegingen of eerbetoon wil. Over zijn vele toespraken die deels op internet staan en in boekvorm zijn verschenen zegt hij: 'Om je te schamen.'

We verlaten onze matjes en gaan in een groep om hem heen zitten: sommigen blijven staan of leunen tegen de trap. Lathouwers formuleert in het begin meanderend, zoekend. Hij haalt een hedendaagse Amerikaanse theoloog aan, een boeddhistische wijze van 2500 jaar geleden, een gedicht van Rilke en een paar persoonlijke anekdotes uit zijn kindertijd.

> Ik wandelde met mijn stiefmoeder. Zij zag altijd veel meer: de bloemetjes, de verschillende planten, zeldzame stenen. Ze kende de verschillende soorten en de kenmerken. Ze kon er van alles over vertellen. Ik wilde dat allemaal wel zien, maar ik had er geen oog voor. Het ontmoedigde me dat zij zoveel meer zag dan ik en dat vertelde ik haar. Toen zei mijn stiefmoeder: 'Och jongske. Jij kijkt naar de horizon, naar de verte. Je moet niet willen zien wat ik zie. Jij ziet niet minder, jij ziet ándere dingen.'

Dit amalgaam van hoge literatuur, persoonlijke verhalen en zengedachtegoed slingert iedere keer weer een andere kant op.

Lathouwers belandt in zijn verhaal bij 'the female face of God'. Een Amerikaanse theologe, Melissa Raphael, heeft vrouwen geïnterviewd die Auschwitz hebben overleefd. Deze vrouwen geloven ondanks Auschwitz nog steeds in God. Dezelfde God die deze hel liet gebeuren. Hoe konden ze in hemelsnaam tot die God bidden die hen zo liet lijden in het vernietigingskamp, waar de vrouwen waren ontdaan van alle menselijkheid? Melissa Raphael schrijft:

God's face was not hidden in Auschwitz, but intimately revealed in the female face turned towards the other as a refractive image of God, especially in the moral protest made visible through material and spiritual care for the assaulted other.

Ton Lathouwers vertelt met voorbeelden uit dit boek hoe het vrouwelijke gelaat van God gestalte kreeg in het vernietigingskamp. Op een dag werd een barak verplaatst. Alle vrouwen moesten een eind lopen naar een volgende plek. Wie achterbleef zou zeker gedood worden. Eén vrouw was zo ziek dat ze niet meer kon lopen. Een medegevangene, zelf ernstig verzwakt en met twee kinderen op de arm, gebood de zieke vrouw op de grond te gaan liggen. Met haar voeten rolde ze haar steeds een beetje verder. 'De engelen maakten een buiging,' zegt Ton Lathouwers.

Deze zieke vrouw heeft het kamp overleefd en haar verhaal aan de auteur verteld. Voor haar was deze daad het vrouwelijke gelaat van God.

Het is een mengeling van Lathouwers' ervaring, zijn wijsheid, van zijn manier om te vertellen die mijn bewondering afdwingt. Het is alsof hij een geheim reservoir aan verhalen tot zijn beschikking heeft. Die verhalen zijn bijzonder omdat ze op een of andere manier de toehoorder direct raken. Misschien is het geen geheim reservoir aan verhalen, maar heeft hij een methode waarmee hij ze laat resoneren met de omstanders. Hoe dan ook, ik heb nooit eerder gevoeld dat zo direct tot mijn hart werd gesproken.

Bij een paar vrouwen stromen de tranen over de wangen. Ik slik de mijne weg. De meditaties hebben me kennelijk ontvankelijk gemaakt. Mijn verdedigingsmechanismen heb ik laten zakken. De vertelling komt, na een dag mediteren en stilte, veel directer binnen dan welk ander verhaal ooit. Direct na de lezing gaan we weer mediteren. Ik voel mededogen en de wens om me te verbinden met anderen, nee, met iedereen.

Ook dit is een gevoel dat ik herken. Meermalen heb ik wanneer een feestje ten einde liep en we nog met een paar vrienden over waren, een dronkenmanstoespraak gehouden waarin ik mijn eeuwige liefde aan iedereen die nog aanwezig was betuigde – mannen, vrouwen, jong en oud. 'Ik hóu van jullie,' riep ik ten afscheid op mijn promotiefeestje, net voordat ik een hele statafel met glazen omverliep. Wat ik nu voel is veel subtieler. Het is een dunnere stroom, naast en te midden van andere emoties en gewaarwordingen. Het is mooi en veel minder overweldigend dan een synthetische roes.

Op de derde dag van de retraite erger ik me, aan mezelf, aan het slechte eten, aan mijn kamergenote. Ik vervloek de kriebel in mijn keel en vervolgens ben ik geagiteerd omdat ik me zo druk maak om een beetje gekuch. Bij meditatiesessie nummer drie van die dag houd ik het voor gezien. Ik pak mijn wandelschoenen en wandel langs de Maas. Ik mis mijn hond en voel me er dan weer schuldig over dat ik hem meer mis dan mijn man en mijn kinderen. Ik word een beetje gek van al die dubbele loopings in mijn denken en voelen, en dat ik daar dan weer iets van vind. Laat het gaan, voor één keer.

Starend over de Maas neem ik me voor om anders te

leven. Alles moet anders. Hoe geweldig is het niet dat ik ontroerd kan zijn door een verhaal en door een zonnestraal? Dat ik compassie of in ieder geval de verbinding met anderen heel even voelde en wilde opzoeken? Ik moet vaker stil zijn om mezelf te leren kennen om te kunnen leven vanuit mijn hart. Weg met dat oppervlakkige gedoe en die sneue uitspattingen in kroegen. Meteen ben ik cynisch over mijn voornemen. Eerst maar eens kijken wat er overblijft van dit vrome plan, als ik over een paar dagen in een kroeg sta om een column te schrijven.

Ik voeg weer in in het meditatieritme van het klooster. Lathouwers leidt een ritueel voor de overledenen. Er zijn doden die vergeten zijn, voor wie niemand meer bidt, aan wie niemand meer denkt. Hij wil een moment stilte vragen om juist aan deze zielen te denken.

Ik geloof niet in leven na de dood. Nu komt de door mij bewonderde Lathouwers met het verzoek om aan vergeten zielen te denken. Wat hebben die doden eraan dat wij aan hen denken? Dood is dood. Kan ik meedoen aan dit soort rituelen als ze zo dicht tegen het geloof in God aan leunen? Als ze geloof in God veronderstellen?

Tot nu toe had ik aangenomen dat zenboeddhisme mijlenver af stond van God of kerk. Hier vloeien zen en God continu in elkaar over. Lathouwers heeft het vaak over een 'religieuze ervaring' of een 'religieus besef'. Ik weet niet wat dat is en belangrijker: ik wil er niets mee te maken hebben.

Tijdens de volgende meditatiesessies maak ik me vooral zorgen of ik vanaf nu zal afglijden naar religie. Wat begint onder het mom van zen en 'mentale training' eindigt misschien wel in het hele Jezuspakket – als ik niet oplet.

In mijn tienertijd, in de jaren tachtig, werden de leerlingen continu gewaarschuwd voor sektes. Het begint met iets kleins en ogenschijnlijk onschuldigs, maar ongemerkt weten deze clans je te verleiden en voor je het weet heb je je hele wereldsysteem en denkvermogen ingeruild voor een of ander lachwekkend fabeltje.

Er moet toch ook een weg naar zingeving te vinden zijn die niet via God en de Bijbel loopt? De volgende uren meditatie zijn periodes van twijfel. Brengt de zenweg me nu iets goeds of is hij juist gevaarlijk of zelfs belachelijk?

Na vijf dagen rijd ik naar huis. Uit gewoonte doe ik de radio aan, maar het gebabbel komt me opeens heel triviaal over en ik zet 'm weer uit. Ik rek de stilte nog twee uur en probeer de balans op te maken. Ik heb dingen gevoeld en gezien die me nooit waren opgevallen. De stilte maakte me ontvankelijk, voor woorden maar ook voor ervaringen. Het was ongekend en mooi om te merken dat ik geraakt kan worden door een zonnestraal. De toespraken van Ton Lathouwers waren wijs en inspirerend.

Maar het is zeker niet alleen maar positief. Op weg hiernaartoe dacht ik dat zenmeditatie wel eens een heel goede training voor mij zou kunnen zijn. Ik weet zeker dat ik nooit in God wil of kan geloven en dat ik ook niet aan een leven na de dood wil. Nu ik opeens niet meer weet of zen wel of niet verschilt van religie, en hoe dan, weet ik ook niet meer of ik deze weg wel wil inslaan.

'Hoe was het?' vraagt R. als hij de deur opent.

'Stil,' grap ik, in mijn poging het luchtig te houden, al doe ik daarmee mijn ervaring tekort. Ik bedank R. dat hij me op retraite heeft laten gaan. Het is een logistieke puzzel, de kinderen moeten gehaald en gebracht worden naar gitaarles en judo en er is een uitvoering op school – met zijn tweeën is het al een aardige opgave om de week rond te krijgen. R. heeft de hele week heen en weer gerend tussen werk en huishouden, alleen om mij vijf dagen op een kussen te laten zitten.

De kinderen zijn buiten aan het spelen en ik begin te vertellen over de lezing waarin de engelen een buiging maakten. Al na twee zinnen kan ik niets meer zeggen. Mijn keel knijpt samen en mijn ogen worden vochtig. Mijn man begrijpt er niets van maar drukt me tegen zich aan en streelt mijn haren. Met een piepstemmetje zeg ik dat het zo mooi was. Andere, laat staan betere woorden heb ik niet.

Als de kinderen thuiskomen draaien ze als hyena's kringetjes om mijn koffer. Tevergeefs. R. neemt van zijn buitenlandse zakenreizen altijd een aandenken mee, maar op het last minute afkopen van het schuldgevoel is de kloostershop van de zusters van het Heilige Hart nog niet ingericht.

In de dagen na de retraite lees en herlees ik de boeken van Ton Lathouwers. Hoe heb ik zijn religieuze inbedding nu ooit níet kunnen zien? Al zijn boeken staan er bol van, maar nu zie ik het pas. Wat nou zenboeddhisme? Dit is religie met een zensaus.

Omdat ik twijfel of deze benadering me mijn lol en lichtheid terug zal geven, of me een donker bos in zal trekken waar ik zal verdwalen, zet ik de boeken terug in de kast en meld me af voor de vervolgcursus zen.

De poldersjamaan

2010-2011

Kosten: 150 euro per weekend (cursus van acht weekends), privéconsulten à 75 euro

Het is zondagmiddag en we fietsen met het gezin door De Esch, een strookje natuurgebied aan de rand van Rotterdam. Tussen flats, een boulevard met autogarages, een visgroothandel en de twaalfbaans Van Brienenoordbrug, kunnen inwoners van Rotterdam van de natuur genieten. F., vijf jaar oud, zit bij me achterop. Het is prachtig lenteweer. We fietsen op een zandpaadje onder een rij bomen en dan stop ik omdat F. iets zegt en ik hem niet versta. Hij wijst naar de takken boven ons. Ik zie niets bijzonders.

'Kijk mama, net dolfijnen die in en uit de zee duiken.'

F. heeft nu al veel meer details gezien dan ik ooit in mijn leven zal opmerken.

We fietsen verder en dan voel ik zijn hoofdje zwaar tegen mijn rug leunen. Ik kijk om. F. is in slaap gevallen. Ik snoer hem extra goed vast in zijn fietsstoeltje waar hij nu als een slappe pop in hangt. R. en L. fietsen de dijk af om beneden bij een paard in de wei te kijken. Het paard is bevestigd aan een stapmolen, een ronddraaiend mechanisme met twee schotten waartussen het dier loopt. Als hij te snel loopt stoot hij zijn hoofd tegen het voorste schot, en als hij te langzaam gaat krijgt hij een duw van de achterste afscheidingsplaat. Het ijzeren frame draait langzaam, en het paard maakt zijn rondjes terwijl het geen kant op kan.

Ik besluit boven aan de dijk te wachten. Als ik nu naar beneden loop met mijn fiets aan de hand, wordt het lastig manoeuvreren en bovendien wil ik F. niet wakker maken. Ik sta naast mijn fiets, met mijn beide handen aan het stuur. Aangemoedigd door wat F. net heeft gezegd kijk ik door de wiegende takken heen naar de lucht. De frisgroene blaadjes, sommige nog half opgerold aan de takken, filteren de zonnestralen tot stroboscopisch licht.

Opeens los ik op.

Zonder voorteken of waarschuwing is alles plotseling vloeibaar. De bomen, de bladeren, het zonlicht, het zandpad, de lucht en ik. Alles wiegt en vervloeit in elkaar. Het mooiste is dat er geen grens is tussen de bomen, de takken, de lucht of mij. Ik ben geheel opgegaan in de natuur, in alles.

Het heeft wat weg van de wijze waarop Vincent van Gogh mensen tekende in zijn schilderijen. Die zijn met dezelfde verfstreken, patronen, stippen geschilderd als de bomen en de lucht en de zonnebloemvelden. Het is bijna camouflage, zoals de menselijke figuur opgaat in zijn omgeving. Mijn versmelting met de omgeving lijkt ook op sciencefictionfilms, waar een acteur overgaat naar een andere dimensie. Soms wordt die persoon dan gefilmd als een rimpeling in het water, gegolfd, geblurd. De acteur neemt zijn vertrouwde gestalte pas weer aan als hij in de nieuwe dimensie is gearriveerd. Of ik lijk op een acteur uit een kinderserie uit de jaren zeventig over een man die plotseling onzichtbaar kon worden. De contouren van die acteur waren nog vaag waarneembaar, maar de held was ingekleurd met het materiaal, de kwaliteiten van de omgeving.

Ik weet waar ik ben. Het verschil met een seconde – of tien minuten? – geleden is dat mijn lichaam, als ik het al gewaar ben, niet meer afgebakend is. Het is grenzeloos en oneindig en staat in open verbinding, met alles. Mijn lichaam houdt niet op bij mijn vingertoppen, bij mijn hoofdhuid of bij mijn voeten. Ik wek de verkeerde indruk als ik zeg dat de scheiding tussen mijn lichaam en de boom is verdwenen. Mijn lichaam is opgelost en mijn geest is verbonden met alles wat er is. Het ik is niet geheel uitgevlakt. Ik weet dat ik hier ben. Het ik doet er alleen totaal niet toe. Ik ben in een bad van probleemloze gelukzaligheid beland, waarbij het onderscheid tussen mij en het badwater is verdwenen. Ik hoor niets en ik ruik niets. Het is kalm, aangenaam rustig. Het hele universum is als een warme deken om mij heen gewikkeld. Of nee, ik bén die warme deken.

In het Engels is er een spreekwoord: *'I feel as snug as a bug in a rug.'* Zo behaaglijk, zo thuis voel ik me, waarbij de 'ik' er misschien wel is, maar dat is niet waar het om draait. Ik ben geheel vervuld. Ik hoef niets, ik wil niets, ik denk niets. Ik zoek niets en ik wil nergens naartoe. Er is alleen maar nu, heel veel nu. En dat moment is probleemloos en gezegend.

Zo onverwacht als ik in dat moment werd getrokken,

glijd ik er weer uit. Ik kijk om me heen en zie dat er niets is veranderd.

Als mijn man en mijn dochter terugkomen van de paarden ben ik stil. L. zegt iets over de vliegen op de neus en in de ogen van het paard en hoe zielig dat is. Dan gaan we weer. R. fietst voorop en ik trap achter hem aan. Ik gloei na. Ik twijfel niet of maar wel aan wát er zojuist is gebeurd.

Ik zwijg die dag over de indrukwekkende gebeurtenis en ook de dagen erna houd ik het voor me. Ik ken niemand met wie ik dit zou kunnen delen. Al mijn vrienden zouden vragen naar het hoe en wat en ze zouden zoeken naar een fysiologische, neurologische verklaring, net als ík dat zou doen als ik het niet zelf had meegemaakt. Nu ik zelf ben ondergedompeld weet ik hoe bijzonder, hoe overweldigend dit is geweest. Maar als een vriendin of vriend dit aan mij vertelde, zou ik vragen of hij een beetje moe was die dag en of het stroboscopisch effect van de bladeren misschien een los verbindinkje in de hersenen mogelijk heeft gemaakt.

Ik ben niet klaar voor hun sceptisch vragenvuur. Als ik eerlijk ben, is er meer aan de hand. Er is ook angst. Ik ben bang mijn redelijkheid te verliezen en misschien wel mijn verstand.

De dagen na de versmelting overheerst het gelukzalige gevoel. Een lucide dronkenschap die dagen en nachten voortduurt. Ik kan me die heerlijke onderdompeling, op de zondagmiddag, zó weer voor de geest halen. Als ik goed mijn best doe om het me allemaal precies te herinneren, voel ik me heel even opgetild, verbonden en licht. De herinnering is fijn, maar is bij lange na niet zo intens als de gebeurtenis in De Esch. Het is een fletse, tweedimensionale versie van het origineel. Nog steeds warm en mooi, maar altijd een opgeroepen reproductie. Het werkt een beetje zoals de herinnering aan een goede vrijpartij, of aan een exquise maaltijd in een sterrenrestaurant. De herinnering roept een glimlach op, maar niet meer de extase van dat oorspronkelijke moment. Zo geniet ik een paar weken na van de gebeurtenis in De Esch.

Als een complete verrassing slaat mijn gemoed na een paar weken om. Sinds die zalige roes in De Esch weet ik dat het leven, míjn leven, zo fijn, zo licht, zo geweldig kan zijn. Ik had al twijfels over de zinvolheid van mijn bestaan, maar vergeleken bij dat geluk in De Esch steekt mijn leven wel heel miserabel af. Wat een sneue, schrale poging. Mijn leven is een zinloze brij. Als dat moment in De Esch óók leven is, waarom zou ik dan nog mijn best doen om een beetje geluk bij elkaar te sprokkelen in die vale alledaagsheid? Ik zal met mijn pogingen nooit in de buurt komen van de gelukzaligheid die ik toen voelde. Opeens vraag ik me af wat hier nog doe. Waarom kan ik niet altijd dáár zijn, zó zijn?

Mijn somberheid gaat me nu echt in de weg zitten. Ik moet fysieke weerzin overwinnen als ik naar mijn werk ga en laat zelfs twijfel toe – of ik vandaag wel of niet zal gaan. Ik besluit om met Janneke af te spreken, een van de destijds gelovige disputsgenoten die haar brood als coach verdient. Zij is goed thuis in dit soort thema's en gezien het succes dat ze met haar praktijk oogst draagt ze ook regelmatig oplossingen aan.

Als Janneke vraagt wat volgens mij de aanleiding is voor mijn toegenomen neerslachtigheid, leg ik de relatie met De Esch. Zij is de eerste aan wie ik vertel over mijn ervaring, nu zo'n acht maanden geleden alweer, zonder er lacherig over te doen. Ik probeer het onder woorden te brengen. Janneke hoort mijn gestamel een tijdje aan en dan zegt ze: 'Ah, je bedoelt een eenheidservaring.'

Eenheidservaring. Dit woord had ik nog nooit gehoord. Het is een adequate benaming. Met die nieuwe naam, het nieuwe label, vallen meteen al meer dingen op hun plek. Mijn hele leven heb ik geprobeerd die eenheid te bereiken. Het orgasme is er een. Mijn talloze dronkenschappen zijn een andere manier. Drugs. Het zijn allemaal pogingen om te versmelten met alles om mij heen. 'Roesgevoelig' noemt mijn man mij. Na al mijn synthetische pogingkjes is het me die zondag in De Esch zomaar toegevallen!

Janneke vertelt dat alle mystieke tradities beschrijvingen kennen van dergelijke eenheidservaringen. Ik blijf haken aan het woord mystiek. Het is de naam van een winkel in hartje Rotterdam, zo'n zaakje dat volgestouwd is met stenen, Boeddhabeelden en dromenvangers, en waar geregeld koffiedikkijkers en tarotkaartlezers hun diensten aanbieden. Ik wil geen onderdeel zijn van die santenkraam en ik laat het eerst een week rusten.

Mijn nieuwsgierigheid om meer te weten te komen over die gebeurtenis in De Esch wint het van mijn scepsis en ik begin toch te zoeken naar literatuur over eenheidservaringen. Het eerste boekje belandt nadat ik het gelezen heb in de boekenkast naast het oeuvre van Ton Lathouwers.

Elke godsdienst en elk tijdvak gebruikt zijn eigen beeldtaal, maar de ervaringen komen op essentiële punten overeen met wat ik heb meegemaakt. Zo schrijft gitarist Tijn Touber hoe succesvol hij ooit was als artiest. Hij was founding father en lid van de popgroep Loïs Lane. Er was een periode dat het niet op kon met de band. Loïs Lane stond in het voorprogramma van Prince, de platen verkochten goed en ze scoorden hit na hit. Tijdens die hoogtijdagen beleefde Touber iets wat vergelijkbaar is met mijn ervaring in De Esch. Die belevenis was voor hem de reden, of in ieder geval de aanleiding, om de banden met Loïs Lane te verbreken en hij reisde naar India. Daar ging hij vervolgens veertien jaar op een kussentje zitten.

Ik lees verder, over Franciscus van Assisi, over Hadewych, over Jan van Ruusbroec, Teresia van Avila. Zo'n eenheidservaring blijkt krachtig spul, niet alleen voor mij.

Kick Bras schrijft:

> Juist in de mystieke ervaring voel en besef je dat je in aanraking komt met iets of iemand boven al ons menselijk denken en verbeelden uit. Je ervaart een zo unieke werkelijkheid, dat je er geen woorden voor kunt vinden, een mysterie, dat je niet kunt vatten. Maar tegelijk ervaar je wel de allesomvattende en doordringende werkelijkheid ervan. Je ervaart Aanwezigheid. En dat is niet een onverschillige aanwe-

zigheid, maar een Presentie die jou zelf ook present stelt. Een aanwezigheid die jou bij name kent, bij name roept en jou voor zijn Gelaat stelt. Dat is een fascinerend en huiveringwekkend geheim. Wie dat eenmaal heeft ervaren, vergeet het nooit meer.

Na de ervaring in De Esch vertrek ik niet naar India om daar veertien jaar op een kussen te gaan zitten, maar ik sla wel andere wegen in met mijn zoektocht. Tot nu toe heb ik het via hersengym, mentale hygiëne, training van de mind geprobeerd. Zenmeditatie. Maar wat ik in De Esch heb meegemaakt had niets met denken te maken. Het was louter ervaring en die verliep niet via mijn cognitie maar via mijn zintuigen. Als ik die nu eens beter train, sta ik misschien meer open voor meer goeds uit die sferen en kan het me misschien nog een keer overkomen.

Via Janneke informeer ik naar methoden en technieken om mijn zintuigen beter te oefenen. Janneke vertelt me dat een goede vriendin van haar 'het medicijnwiel heeft doorlopen' en daar zeer onder de indruk van was. Als ik vraag naar referenties, schiet ze in de lach: 'Het iso-keurmerk is nog niet bij alle sjamanen ingevoerd, Willemijn.'

Zo gaat dat kennelijk met de inschrijvingen voor cursussen in het alternatieve circuit. Niks keurmerken, diploma's en raden van toezicht. Een aanbeveling van een vriend of vriendin die er echt iets aan heeft gehad is het enige wat telt.

Ik meld me aan voor een open dag van 'het medicijnwiel'. De informatie die ik ontvang is uiterst summier. Op het A4'tje met een slecht gescande vogel in de kleuren blauw, paars en roze staan acht data vermeld verspreid over een periode van anderhalf jaar. Verder bedraagt de prijs per weekend 150 euro, contant te voldoen.

De introductiemiddag is op een donderdag. In de ochtend ben ik aan het werk op de TU Delft. In de kantine, waar iets minder slechte koffie verkrijgbaar is, bereiden een collega en ik een bijeenkomst voor. Derk is een hoogleraar en een paar jaar ouder dan ik. Ik kan met hem lachen. Drinken kan hij ook, dus wat mij betreft een uitstekende combinatie. We gaan regelmatig de kroeg in na het werk, we delen onze belangstelling voor literatuur en voor *Zomergasten*. Wij begrijpen elkaar. Uiteraard delen we ook onze afkeer van esoterisch gedoe, religie en kwakzalverij, zoals dat de gemene deler is met alle collega's op de TU Delft – op misschien een zonderlinge christenprofessor na.

De aversie van Derk tegen al het paranormale en bovennatuurlijke gaat nog iets verder dan de mijne. Zo is hij bestuurslid van de vereniging Skepsis en daar haalt hij publiekelijk ongemeen hard uit tegen complotdenkers, ufo-spotters en chakravoelers. Met hem heb ik de gewoonte uit mijn studententijd voortgezet om niet te spreken over christenen maar over christenhonden.

De laatste tijd voel ik een groeiend ongemak bij het spiritualiteit- en relibashen. Ik ben me immers aan het inlezen over de eenheidservaring en ik kom veel moois tegen in mystieke teksten. Laf als ik ben heb ik mijn recente aarzeling nog niet onder woorden gebracht. Het is onze running gag, deel van ons vaste repertoire, cement van onze uitwisseling. Onze impliciete verstandhouding. Het atheïsme is voor hem, net als voor mij, onderdeel van de identiteit. Als ik daaraan ga tornen, weet ik niet wat er overblijft van onze kroegavonden en gesprekjes bij de koffieautomaat.

Vertellen dat ik een eenheidservaring heb gehad is al helemaal niet in me op gekomen. Hij zal me in mum van tijd eenentwintig wetenschappelijke artikelen sturen waaruit blijkt dat het een zinsbegoocheling is geweest. Hij zal me ook vragen waar ik dan sta, in mijn tolerantie ten opzichte van de irrationelen, de onwetenschappelijken. Is het dan *anything goes*? Waar trek ik dan de lijn? Bij astrologie? Bij de 9/11-complotdenkers? Of bij de handlezers?

Ik heb mijn positie niet bepaald. Door de onwereldse eenheidservaring ben ik me gaan afvragen of er toch niet ruimte voor twijfel is. Is er misschien een werkelijkheid die zich niet laat kennen via wetenschappelijke methoden?

Ik twijfel nu of rationaliteit de enige weg naar kennis is. Dat is nogal wat. Het is precies wat ik tot een halfjaar geleden bij anderen verachtelijk vond en wat ik voor mezelf nooit voor mogelijk had gehouden.

Ik vertel Derk dat ik zo moet gaan omdat ik hierna nog een afspraak heb in Zuid-Beijerland.

'Zuid-Beijerland. Wat een gat. Wat ga je daar doen? Iets met een waterschap of zo?'

Mijn onderzoek naar watermanagement heeft me in alle uithoeken van Nederland gebracht. Ik heb de mogelijkheid om te liegen of eromheen te draaien, maar dat wil ik kennelijk niet langer. Ik had het van tevoren niet

bedacht, maar ik wil mezelf niet nog een keer verraden.
'Ik ga naar een introductiebijeenkomst van een opleiding in het sjamanisme.'
Derk kijkt me lachend aan. Als ik niet teruglach kijkt hij geschokt.
'Echt?'
'Ja, echt, ik maak geen geintje.'
'Tssss.' Hij die nooit naar woorden hoeft te zoeken kan alleen maar stamelen. 'Jij... Naaah, dit is belachelijk.' Hij verschuift met veel lawaai zijn stoel.
Ik zou willen dat ik iets kon zeggen, maar ik klap dicht. Ik kan alleen maar mijn schouders ophalen. Iets van sorry, lijkt mijn gebaar te zeggen.
'Hier reageer ik niet eens op.' Hij draait zich om en loopt de kantine uit.

Hoewel ik had kunnen weten dat Derk niet al te invoelend zou reageren, ben ik toch overvallen door de hevigheid en totaliteit van zijn afwijzing. Dit is mijn eerste vriendschap, nou ja, goede band met een collega, die is beschadigd door iets waarvan ik nog helemaal niet zeker weet wat het is en wat ik daarvan vind.
Als ik voortaan al iets op mijn werk zal prijsgeven over mijn verkenningen in het voormalig vijandig domein, zal ik mijn verhaal beter moeten doseren en voorbereiden. Gezien de maagpijn die ik nu heb, moet ik mezelf ook beter pantseren.

Op weg naar Zuid-Beijerland slinger ik over dijken en doorsnij ik de polder over kaarsrechte wegen.

Wat een onbarmhartig landschap. De routeplanner zwaait met de finishvlag. De deur van de kleine witte boerderij op de dijk staat open. Ik bel, maar niemand meldt zich om mij te verwelkomen. Ik duw de deur verder open en sta in een halletje vol spirituele amateurkunst: schilderijen met tunnels met licht, waterpartijen, stenen, kristallen en mandala's. Heel even overweeg ik om direct weer naar huis te gaan. Dit kán niets zijn.

'Joehoe!' klinkt het van boven. Op de zolderkamer hebben geïnteresseerden zich verzameld om te horen wat 'het medicijnwiel' inhoudt. Een studente; een man van bijna zestig in kantoorkleding; een vrouw gekleed in artistieke lappen en groene puntschoentjes; naast haar een man met een hardrock-t-shirt; aan het einde van de tafel een struise vrouw met veel make-up en lange plastic nagels die allemaal in een andere kleur zijn gelakt.

Adri is degene die de sjamanencursus leidt. Hij is niet alleen huisarts, zo ziet hij er ook uit: zandkleurige bandplooibroek, gestreept overhemd met een pen in zijn borstzakje en een bril en een snor. 'Ik ben Adri. Mijn rol is huisarts.' Vooral die bandplooibroek is geruststellend voor mij. Geen spirituele fratsen hier.

'Ik ben geen sjamaan. Ik doe aan sjamanisme.' Adri probeert op geen enkele manier indruk op ons te maken.

Ik wil graag een beeld krijgen van de inhoud van het medicijnwiel, maar dat lukt nauwelijks. Er is geen vaststaand programma, althans niets wat op papier staat. Adri kan alleen vertellen dat er acht weekends zullen zijn. In elk weekend staat een andere windrichting centraal. In het weekend van het zuiden zullen we onze persoonlijke geschiedenis van ons af werpen, als een slang die vervelt en zijn oude huid achterlaat. Het gaat erom dat je ziet dat je bepaalde rollen hebt verzameld, dat je diploma's hebt gehaald en meningen hebt verinnerlijkt. Je denkt, en dat is de vergissing, dat deze rollen, diploma's of levensovertuigingen deel van je identiteit zijn. Het eerste weekend dient om die ballast kwijt te raken.

Ik vraag hóe je dan de persoonlijke geschiedenis van je af werpt. Kan hij vertellen hoe een typische cursusdag eruitziet? Adri glimlacht. 'Zulke oefeningen en ervaringen laten zich moeilijk in woorden vangen,' zegt hij alleen maar. Ik zal het pas weten als ik het zelf onderga. Voor hem is de vraag beantwoord.

Adri vertelt dat in het sjamanisme veel met stenen wordt gewerkt. Hij bukt en legt een pakketje in een kleurige, Indiaas aandoende doek op tafel. Zorgvuldig opent hij de bundel, hij vouwt de hoeken van de doek één voor één naar buiten. We zien een stapeltje stenen, die hij volgens een voor hem onderliggend patroon neerlegt. Dan nodigt hij ons uit om de stenen te voelen.

Andere potentiële cursisten houden hun handen een paar centimeter boven de stenen, alsof ze die warmen aan het vuur. Een paar mensen merken op dat deze steen of die andere heel krachtig is. Ik doe hen na en houd mijn handen boven de stenen, maar ik voel niets. Helemaal niets.

'Dat komt vanzelf,' zegt Adri.

Ik ben daar niet zeker van, maar houd mijn mond.

'Iedereen kan het leren,' zegt hij, alsof hij mijn gedachte heeft gehoord.

Hoewel ik niets wijzer ben geworden en geen inhoudelijk programma heb ontvangen, besluit ik toch om me in te schrijven. Op de terugweg probeer ik te bedenken waarom. De houding van Adri is vertrouwenwekkend. Hij is zo zeker van zijn zaak, en tegelijkertijd is hij bescheiden en doet hij op geen enkele manier een poging om mensen over te halen of te imponeren. En hij is huisarts.

Toen ik opgroeide, in de jaren tachtig, lagen er vele grote gevaren op de loer. De atoombom was er een. Drugs vormden een andere alom aanwezige dreiging, met boeken als *De moeder van David S.* en die film over Christiane F. Ik was echter veel banger dat ik ooit onder invloed van de Hare Krishna-beweging of Bhagwan zou komen te staan. Ik kon wel meevoelen hoe fijn het was om ergens helemaal bij te horen, geen keuzes meer te maken, duidelijkheid in je leven te hebben. Het charisma van Bhagwan knalde voor mij door de televisie. Hij was voor mij een onweerstaanbare combinatie: wijsheid, macht, fijnzinnigheid, eruditie, eigenzinnigheid, schoonheid. Ik kon me van alles indenken bij de aantrekkingskracht van een dergelijke leider. Ik zag de volgelingen als gekkies, maar ik begreep volkomen hoe je zo halsoverkop verliefd zou kunnen worden en dat je een leven wilde leiden waarin natuurwetten en gezond verstand niet meer relevant waren.

Wat nu zo geruststellend is aan Adri is dat hij op een schaal van goeroe-appeal precies nul scoort. Aan macht doet hij niet. Hij laat alle beslissingen aan de groep over, zelfs ten aanzien van de begin- en eindtijden van een cursusdag streeft hij geen zeggenschap na. Van eruditie heb ik niets gemerkt. Welbespraakt is hij ook al niet. Hij wil zijn kennis en kunde doorgeven aan een grotere groep, dienend, als een schoolmeester. Hij heeft niets van een goeroe.

Thuis vertel ik dat ik graag wil deelnemen aan deze cursus die anderhalf jaar in beslag zal nemen en ik wil weten wat R. daarvan vindt.

'Zolang je niet van mij verwacht dat ik meedoe, of dat ik erin geloof, én zolang het je goed doet, vind ik het prima.'

'Vind je het allemaal niet een beetje raar?'

'Ik vind voelen aan stenen héél raar. Maar in jouw geval kan een onsje meer intuïtie geen kwaad. Als stenen of die huisarts daarbij kunnen helpen...'

Een paar maanden later is de eerste bijeenkomst.

'Ga je op je bezemsteel of met de auto?' informeert mijn man als ik mijn koffertje in de hal oppak.

Banken, tafels en stoelen zijn aan de kant geschoven. Veertien cursisten nemen in kleermakerszit plaats op de zoldervloer. Adri vertelt, zonder noemenswaardige introductie, wat onze eerste oefening zal zijn. Ik mis de theoretische onderbouwing. Waarom doen we nu juist dit, hoe werkt het dan precies? Tot welke stroming behoort het sjamanisme dat Adri beoefent? Er schijnt nogal een verschil te zijn tussen het Zuid-Amerikaanse en het Siberische sjamanisme. Ik heb vragen, vragen, vragen. Als ik na twee vragen merk dat Adri niet zo van het antwoorden is, houd ik mijn kwesties en moeilijkheden voor me. Minder praten, meer ervaren – dat is het medicijnwiel dan voor mij, om mee te beginnen.

's Avonds maken we ons eerste gezamenlijke vuur. Zwijgend staan we allen in een cirkel. Met bepaalde spreuken en volgens bepaalde rituelen vindt de vuurceremonie plaats. Ik zie mezelf staan. Waarin verschilt dit nu helemaal van een alledaags kampvuur? Geloof ik echt dat ik het verleden van me af kan schudden door briefjes met mijn teksten ritueel te verbranden? Met grote moeite breng ik mijn kritische stem gedurende enkele momenten tot zwijgen.

Na afloop praten we na over het vuur. Volgens Adri was het een bijzonder vuur. Hij zag een slang, en daarnaast nog allerlei symbolen en tekenen. Hij voelde de aanwezigheid van lichtwezens. En hadden we gezien dat het overal regende, maar dat over ons vuur een beschermende koepel lag? Nog geen kilometer verderop had het gedonderd en gebliksemd. Bij ons was het droog gebleven. Het was ook een heel intens vuur met veel energie, volgens Adri.

Verdomme. Moet je dat er allemaal in zien? Kun je dat allemaal ervaren? Ik heb alleen maar vlammen gezien, doodnormale vlammen. Dit gaat nooit lukken bij mij. Ik zie niets, hoor niets, voel niets – en weet je wat: misschien wel omdat er helemaal niets is.

Gedesillusioneerd rijd ik na mijn eerste cursusdag in de nacht over de dijk naar de bed and breakfast waar ik verblijf. Ik twijfel of ik de volgende dag wel terug moet gaan. Dit hocuspocusgedoe gaat me te ver.

De gastvrouw van de bed and breakfast in het dijkdorpje ruimt de ontbijttafel af. 'Eet je geen vleeswaren? Dat had ik kunnen weten. Dat is altijd bij die gasten die ik via Adri krijg. Ze komen laat thuis, stinken naar rook en ze eten geen vlees.'

Natuurlijk ga ik toch weer terug naar het sjamanenweekend. Niet omdat ik zo graag wil, maar omdat ik te schijterig ben om nu af te haken. Bovendien ben ik er niet zeker van dat het allemaal onzin is. Nu ik er toch ben kan ik maar beter met een open houding meedoen. Het beoordelen doe ik daarna wel, als ik thuis ben.

Die dag voer ik alle oefeningen en rituelen netjes uit. Ik voel nog steeds niets. Zie je nu wel. Of ik heb er geen talent voor, of het ís gewoon allemaal onzin.

Laatste oefening van deze dag. Ik sta buiten, onder een boom en kijk uit over de polder. Ik probeer contact te maken met een steen. Dat is althans het idee. Iedere instructie over de techniek van het communiceren met stenen ontbreekt. Daar sta ik dan. Ik twijfel of het überhaupt mogelijk is om te praten met zoiets levenloos als een steen, en als dat al zou kunnen, of ik de aanleg heb om dat te leren. Ik voel niets.

Of toch wel?

Mijn hand tintelt, maar dat is misschien verbeelding.

Of misschien toch niet.

Ik sta onder de boom en ben erop gespitst om de kleinste verandering in mijn lichaam en geest te kunnen waarnemen.

Opeens streelt de wind langs mijn wangen. Het is geen gewone windvlaag. Of misschien toch wel. Ik weet het niet meer. Ik vraag of ik het goed heb begrepen. Weer word ik gestreeld, en langzaam gaat de wind weer liggen. Ik haal diep adem en vraag (aan wie? aan wat?) of – wanneer ik het goed heb begrepen – ik nogmaals een teken mag krijgen. Ik sluit mijn ogen. Langzaam zwelt de wind rond mijn gezicht aan. Even langzaam als teder blaast de wind in mijn gezicht en blijft aanwezig, alsof er een sluier over mijn gezicht wordt gehangen. Opeens voel ik de wind niet alleen blazen, maar zij zegt ook iets. Ik hoor geen letterlijke stem in mijn hoofd, maar ik weet opeens wat de wind zegt.

De wind zegt voluit en zonder voorbehoud ja tegen mij.

Huilend sta ik onder de boom.

Ik weet niet of ik met stenen kan communiceren, maar ik weet zeker dat de wind tot mij sprak en dat ik haar luid en duidelijk heb verstaan.

Thuis ga ik lezen over het sjamanisme. Ik vind standaardwerken, geschiedschrijvingen over grote sjamanen. Ik doe oefeningen en meditaties. De momenten van twijfel en scepsis blijven, maar worden wel minder in aantal en duren korter. Ik besluit dat hoe het ook zit, deze nieuwe werkelijkheid of parallelle dimensies mijn leven in ieder geval leuker maken. Op zijn minst. Ik heb er lol in om in mijn eentje allerlei oefeningen met mijn geest te doen. De geleide meditaties, de oefeningen om energie te voelen, gewenste situaties verbeelden: het voelt allemaal als buiten spelen in je eentje. Ik heb verrassende ontmoetingen – in mijn hoofd.

Op de binnenplaats van ons rijtjeshuis in Rotterdam

stook ik vuurtjes die vuurceremonies heten. Dat is het huiswerk van de sjamanencursus. Ik voel me betrapt als de buurman over de heg kijkt en mij met paraplu boven een vuurtje in de metalen barbecue ziet hangen. Dit kan toch niet de bedoeling van het sjamanisme zijn, of zou er een subdiscipline urban sjamanisme bestaan? Het is mijn laatste vuur thuis. Vuurtje stoken doe je in de natuur, met ruimte. Niet tussen keukendeur en schuur.

Ik oefen elke dag wel iets uit het sjamanenboek. Ik probeer mijn energielichaam te voelen. Nada. Of ik houd mijn stenen één voor één in mijn hand, in de hoop iets te merken. Als ik door het bos wandel met mijn hond, luister ik naar het bos. Ik hoor nooit iets. Tijdens een langlaufvakantie breng ik in mijn eentje vele uren alleen in een groot woud door. Ook in dit bos komt er geen boodschap of teken tot me. Ik blijf stil, ik blijf het proberen. Zonder resultaat.

Ik lees nog meer boeken over sjamanisme en bestel cd's met allerlei meditatieoefeningen. Mijn dromen zijn ook een bron van plezier geworden. Ik puzzel me suf over de betekenis van nachtmerries, lieflijke dromen of flarden. Het is een vermakelijk spel.

Maar een nieuw teken, zoals toen onder de boom, is uitgebleven.

Adri heeft ons aangeraden om een pendel aan te schaffen voor het tweede weekend begint. Ik fiets naar Mystiek, de winkel waar mijn man en ik nooit voorbijliepen zonder de dromenvangers en waarzeggers te beschimpen. Onwillekeurig kijk ik over mijn schouder als ik de winkel binnenga. Ik wil zeker weten dat er geen bekenden zijn die me zullen betrappen. Ik overdrijf niet als ik zeg dat ik me niet slechter zou voelen als ik in een seksshop gezien werd door een collega. Mijn jarenlange hoon over esoterie is niet in één klap ongedaan te maken.

Als de tweede bijeenkomst van het medicijnwiel nadert, aarzel ik toch weer. Ik zie ertegenop om drie dagen lang met vreemden te verblijven. De verschillen zijn groot, op alle manieren: in leeftijd, in opleidingsniveau, in werkkring, in stabiliteit. Mij, als introvert, stoort het nog het meest dat de groep voor het merendeel uit extraverten bestaat. Die denken hardop, nemen zonder nadenken ruimte in en zijn luidruchtig – de drie hoofdzonden volgens Willemijn Dicke. Het ergerlijke is dat de extraverten niet eens doorhebben dat ze zich er continu aan bezondigen.

Nieuwsgierigheid naar nog zo'n ervaring met de wind en ook conformisme – komen opdagen is gemakkelijker dan afzeggen – winnen het van mijn afkeer tegen groepen.

Tijdens het weekend voert Adri beschermende handelingen uit. Eén voor één roept hij ons bij zich. Hij legt een energielaag om ons heen. Bij de chakra op mijn voorhoofd, mijn derde oog, voel ik iets. Wat weet ik niet. Het lijkt een beetje op magnetisme. Ik vraag aan Adri wat dat is. 'Je hebt een bijzonder zesde chakra, met prachtige kleuren. Er staan je de komende tijd grootse dingen te gebeuren.'

Ik glunder. Ik heb een mooi chakra.

Dat is nog eens iets anders dan een kroegcompliment.

Adri vindt het belangrijk dat we niet het sjamanisme beoefenen zoals dat in de boeken wordt beschreven, maar dat we naar binnen keren en zelf voelen wat bij ons past. Hij waakt er ook voor om als goeroe of wijze te worden gezien. Ja, hij voelt dingen die wij nog niet kunnen voelen, maar dat is te leren. Als we maar onze eigen weg volgen, en niet de zijne. Dat weet ik, en toch wil ik af en toe de beste van de klas zijn, wat ik alleen kan zijn als ik niet langer in termen als 'beste leerling' denk natuurlijk.

Tijdens een ander weekend, we zijn weer een halfjaar verder, moeten we allemaal een individueel vuur maken. In de regen bouw ik mijn fikkie. Ik heb te weinig aanmaakblokjes en ben bang dat het niet goed zal gaan. Ik steek het vuur volgens de rituelen aan en blaas en wapper omdat ik bang ben dat de regen het zal doven. Dit is namelijk niet zomaar een vuurtje, dit is het vuur dat mijn verbinding met de Spirit zal moeten beklinken.

Ik vermijd het zorgvuldig om woorden als 'Spirit' zelf uit te spreken. Nog steeds weet ik niet wat ik van zulke grote woorden moet denken. Ik plaats die puzzel tussen haakjes. Dat raadsel ga ik ooit oplossen, later, misschien, maar zeker niet nu. Ik weet alleen dat deze oefeningen me nieuwe vaardigheden bij mezelf laten ontdekken. De oefeningen stellen me ook in staat om verlangens van mezelf te onderzoeken die ik nooit eerder heb overwogen, juist omdat ze niet logisch zijn en niet in een eerder plaatje passen. En het is spannend: ik begin aan een oefening zonder te weten of en in welke vorm er een inzicht of antwoord voorbij zal komen. Dus ja, ik volg het programma, maar zonder de wereldvisie van vijf of tien energielichamen, de Spirit en de krachtdieren te omarmen.

Gehaast en een tikkie gestrest loop ik om mijn vuurtje heen en houd in de gaten of het goed brandt. Ik zou nu symbolen in het vuur moeten zien, ik moet naar binnen keren om te voelen wat daar gebeurt, maar daar heb ik helemaal geen tijd voor. De boel moet wel blijven branden, anders kan ik fluiten naar mijn verbinding met de Spirit. Ik hoor niets en zie niets en ervaar niets. Ik ben alleen maar bezig om in godsnaam de fik erin te houden.

Vandaag zullen we onze naam te horen krijgen, de naam die echt bij ons past, los van alle franjes en opleidingen en identiteiten en rollen die we in het leven hebben vergaard. Ik maak me een beetje zorgen of ik mijn naam wel zal 'doorkrijgen', want de andere cursisten geven sneller en vaker blijk van hun intuïtie dan ik. In de introductie voorafgaand aan deze oefening heb ik al een aantal van dit soort namen gehoord. Een vrouw heeft de naam Liefdeslicht. Adri is Brenger van Licht. Een derde, die ook al eerder dit ritueel heeft meegemaakt, is Vuurmaker.

Ik ben blij dat ik mijn vuurtje aan de praat heb kunnen houden. Nu stil worden, vanbinnen ook stil worden, en dan kom ik vanzelf wel achter mijn naam. Ik ben stil. Hoelang weet ik niet, want tijdens dit soort oefeningen 'stappen we uit de tijd', wat vooral betekent dat we geen telefoon of horloge bij de hand hebben. Ik ben geconcentreerd stil. Nog langer. Om mij heen zie ik enkele cursisten hun vuurtje opbreken. Dat betekent dat zij hun naam al weten. Ik heb werkelijk geen idee wat ik moet voelen, horen of zien. Voorlopig is er helemaal niets.

Nu wordt het ongemakkelijk. Het is waarschijnlijk al

na elven, misschien wel na twaalven. Ik ben de enige die nog bij zijn vuurtje staat. Ik vind het vervelend voor mezelf dat ik niets heb gehoord, maar ik denk ook aan de medecursisten, die allemaal op mij wachten. We sluiten namelijk elke cursusdag gezamenlijk af. Alleen al om die reden is opbreken een optie. Maar ja, nu sta ik toch al zo lang, ik kan beter wachten tot ik alsnog iets doorkrijg.

Mijn geest is stil. Ik sta buiten, bij mijn vuur, in de motregen. Het is koud. Ik kijk naar de sterren. Ik sta roerloos. Ik wacht.

'Spoorzoeker.'

Heb ik die naam zelf verzonnen of heb ik die echt doorgekregen? Spoorzoeker lijkt me niet echt een naam als Liefdeslicht of Lichtbrenger. Ik wacht nog even op een betere naam. Ik weet mijn geest weer stil te krijgen.

'Spoorzoeker.'

Binnen wachten de medecursisten. We maken een rondje. Elke naam bestaat voor een deel uit Licht, Liefde of Vuur. Hoeder van Licht. Wolk van Liefde. Iedereen is opgewonden over zijn naam.

'En jij?' vraagt Adri.

'Ik weet het niet zeker. Ik denk Spoorzoeker. Maar ik weet niet of ik het wel echt heb gehoord.'

'Die naam verbaast me niets. Maak je niet druk, je hebt het zeker goed verstaan.'

De volgende dag merkt Adri terloops op dat ik een mooi vuur had. Ik glunder. Een pluim van de meester. Een bijzonder chakra en ook nog een mooi vuur. Het zijn niet alleen de aanmoedigingen waardoor ik ga verlangen naar nieuwe ervaringen. Ik heb plezier in deze ontdekkingstocht.

Op weg naar huis draai ik in de auto Anthony and the Johnsons. '*You are my sister*,' zingt hij met zijn kopstem. Ik voel zijn pijn en verlangen, en ook de loutering. Het is sinds lange tijd dat ik me weer verbonden kan voelen – ook al is het met een zanger die mij niet kent.

Thuis, als de kinderen in bed liggen, schenk ik rode wijn in voor R. en mij en ik probeer te vertellen wat dit weekend inhield en wat het me heeft gebracht. Met enige schroom vertel ik dat ik mijn naam weet. Hij is nieuwsgierig.

'Spoorzoeker.'

'Aai... zoeker, niet vinder... dus niet Padvínder?' lacht hij. 'Dat wordt dan nog een lange en dure zoektocht als je maar blijft zoeken zonder te vinden.'

Ik lach met hem mee en dan zeg ik wat ik al langer heb willen zeggen.

Ik zeg dat ik bang ben. Ik ben bang dat die eenheidservaring, waarover ik hem heb verteld, en mijn ontmoeting met de wind, en nu weer die naam... Ik ben bang dat dingen gaan schuiven, dat ík verander.

R. knikt, maar zegt niets.

'Dat ik te veel verander ten opzichte van de vrouw op wie je ooit, tweeëntwintig jaar geleden, verliefd werd.'

Ik vul de stilte met een grote slok wijn.

'Jij bent in wezen niets veranderd,' zegt R.

'Maar ik ben niet langer atheïst. Nou ja, ik geloof niet in God natuurlijk, maar ik heb opeens wel die energieën gevoeld, en chakra's en de wind...' werp ik tegen.

'Och.' Hij haalt zijn schouders op. 'Voor jou is dat een groot issue. Voor mij is het net zoiets als dat ik niet zou kunnen omgaan met mensen die niet van voetbal houden, of die geen boeken lezen of wat dan ook. Atheïsme is voor mij geen beslissend kenmerk.'

'Maar ik ben toch ook een ander mens geworden?' ga ik door.

'Je maakte je druk om een paar kilo's meer of minder, en dat doe je nog steeds. Je vindt dat je te veel drinkt. Check. Je twijfelt over jouw baan. Check. Je houdt van L. en F. Hoezo is dat allemaal anders?'

Als ik iets wil zeggen, legt hij zijn hand op mijn onderarm.

'Je bent soms jaloers op een collega. Je roddelt soms over anderen. Je... Het is heus niet dat je nu opeens de Dalai Lama bent geworden.'

'Misschien moet ik het anders zeggen... Ik ben ook bang voor de verandering die misschien nog gaat komen.'

'Het verschil is veel minder groot dan je denkt, in ieder geval voor mij. Jij bent en blijft in wezen dezelfde.'

'Waarom steun je mij, of laat je me in ieder geval mijn gang gaan, op dit rare pad waarvan ik zelf niet eens weet of het de goede richting is?'

'Je bent voor het eerst in tijden gretig. Zo ken ik je weer een beetje. Wat de bijdrage van stenen of meditatie of de wind is weet ik niet. Ik weet ook niet of het alleen de nieuwe ervaring, het onbekende is, waardoor je weer helderder uit je ogen kijkt. Dat maakt me ook niet uit. Ik zie dat het je goeddoet.'

Hij doet de tv aan.

'*Grijpstra en De Gier*. Eens zien wie de moord eerder heeft opgelost, het politieduo, of jij, Spoorzoekertje.'

Ik bezoek Adri af en toe voor een privéconsult. Daar vraagt hij 75 euro voor. Die prijsstelling schept ook vertrouwen. Anders dan bij Bhagwan zullen bij Adri geen twintig Rolls-Royces op de oprit staan.

Of die consulten werken kan ik niet met objectieve zekerheid zeggen. De behandeling van mijn kattenallergie is niet geslaagd. Ook na drie sessies nies en piep ik nog zodra ik een poes zie. Er zijn ook succesverhalen. Adri behandelde onze achtjarige dochter. Haar heimwee, die welhaast klinische proporties aannam, was daarna onder controle. Voor de sessie bij Adri wilde ze nooit uit logeren. Zelfs vakanties met het gezin waren een probleem. Na drie dagen miste ze haar bed en huis zo gruwelijk dat ze zichzelf elke avond in slaap huilde. Als we haar vroegen wat ze graag wilde doen deze dag, de dierentuin, het waterparadijs of met een bootje op het meer varen, antwoordde ze: 'Als ik écht mocht kiezen, ging ik het liefst naar huis.' Was het omdat ze ouder werd dat ze nu opeens wel uit logeren durfde, of waren het de stenen van Adri? Ik denk het laatste, R. het eerste.

Adri heeft een samenwerkingsverband met Bill McBurrey, een fitte, gebruinde Amerikaan met hagelwitte tanden. Hij is in alles het tegenbeeld van Adri. Hij is luid, erg tevreden met en over zichzelf. Verhalen vertellen kan hij als de beste. Hij lacht hard en vaak, vooral ook om zijn eigen grappen. Hij is snel, slim en belezen. Als een van de cursisten een kritische vraag heeft, of twijfelt aan zijn geloofsbrieven, pareert McBurrey met een onbescheiden opsomming van zijn cv: 'Ik ben de auteur van het bestverkopende boek ooit over neurolinguïstisch programmeren.'

Bill reist altijd met zijn vrouw Sonia. Zij is blond, slank en net zo gebruind als haar man. Haar kleding is flamboyant, ze kan zo aan de viptafel op een cruiseschip aanschuiven. Zwierige gewaden die even kleurrijk als vrouwelijk zijn, met vaak ook nog glitterschoentjes of een ceintuur afgezet met strassteentjes.

Dit Amerikaanse stel geeft hun cursussen in de protestantse kerk in Zuid-Beijerland. Soms vindt er tegelijk met onze cursus een bijeenkomst plaats van de leden van de protestantse gemeente. Het is een plezier om Bill en Sonia tussen de gemeenteleden te zien bewegen, als twee kleurrijke paradijsvogels die tijdelijk zijn neergestreken op de Hollandse klei.

Ik volg cursussen bij Bill over droomuitleg, het afzweren van verslavingen, het eindigen van emotionele verstrengeling, perfect luisteren en nog wel meer. Hij geeft de cursussen en wordt daarbij geassisteerd door Adri. Ook hier heeft Adri weer een dienende rol. Bill in de schijnwerpers, Adri vertaalt en zorgt.

Bill begon in de vorige eeuw ooit als hardcore NLP'er. Hij maakt nog steeds gebruik van het NLP-gedachtegoed, maar doet dat inmiddels in een spirituele context. De technieken van Bill zie ik als een praktische aanvulling op het medicijnwiel, waarbij ik me ervan bewust ben dat het woord 'praktisch' inmiddels een totaal een andere invulling heeft gekregen dan ik twee jaar geleden voor mogelijk hield. Hij schetst een serie handelingen waarmee je een probleem uit de wereld kunt helpen. Anders dan bij het medicijnwiel, waarbij je met een steen moet proberen te communiceren, zal Bill je een lijstje geven, een stappenplan, hoe je zoiets kunt bewerkstelligen. Hij is concreter, maar in wezen ligt wat hij onderwijst niet ver af van wat ik leer in het medicijnwiel.

We nemen deel aan vijfdaagse cursus. Zojuist heeft Sonia nog haar tweedehands iPhone te koop aangeboden. Doet het nog hartstikke goed. In de VS zijn iPhones veel goedkoper dan in Europa, dus we zouden wel gek zijn om deze niet van haar te kopen. 'Driehonderd euro. Anyone?'

Adri kijkt alsof dit onderdeel perfect past in de module Emotionele Verstrengeling. Een koper meldt zich. We gaan verder met stap drie.

Een medecursist vertelt dat hij het nog elke dag moeilijk heeft met de dood van zijn vader, die zichzelf van het leven beroofde toen hij nog een klein jongetje was. Destijds had hij geleerd dat mensen die zelfmoord plegen naar de hel gaan. Inmiddels is hij een volwassen man en gelooft hij niet in deze dogmatische kerkelijke schema's. Toch is de rudimentaire angst gebleven.

De Amerikaanse goeroe spreekt hem toe: 'God vergeeft niet.' Hij laat een lange stilte vallen en geen van de cursisten kucht of beweegt.

Ik schrik. Denkt Bill nu echt dat de hel bestaat en dat je gestraft zult worden? Ik ben verontwaardigd door zijn reactie. Dat zég je niet tegen iemand die nog steeds treurt om de zelfdoding van zijn vader.

'God vergeeft niet omdat hij niet oordeelt.'

Weer een lange stilte.

'God weet alles. God oordeelt niet.'

Weer een stilte.

'Omdat God alles kent en alles weet valt er niets te vergeven.'

Mijn hart bonst. De aderen kloppen in mijn nek. Tranen rollen over mijn wangen.

Wat is dit nu weer? Ik, die niet in God geloof, huil dikke tranen wanneer ik hoor dat God alles weet en God niet oordeelt. Ik voel me ontspannen, opgelucht. Bevrijd zelfs. Waarvan weet ik niet.

Janneke woont deze cursus ook bij. Zij is streng katholiek opgevoed. Ze noemt het 'bijna gereformeerd, zo streng'. Als waarschijnlijk een van de weinige katholieken beschikt ze over een fabuleuze Bijbelkennis.

'Als jij dit een mooie tekst vindt, moet je eens kijken naar psalm 139.'

Thuis zoek ik het op.

> Heer, U kent mij door en door.
> U weet alles van mij, waar ik ook ben.
> U weet alles wat ik denk.
> U bent dag en nacht bij mij,
> U weet alles wat ik doe.
> U kent elk woord van mij,

nog voordat ik het heb gezegd.
U bent aan alle kanten om mij heen
en uw hand rust op mij.

'Hoezo zoek jij Bijbelteksten op?' vraagt R. die achter mij langsloopt en op mijn scherm kijkt.

'Het mag dan een boek zijn voor en door mensen, maar het is wel een boek in een van de belangrijke wijsheidstradities van de wereld,' antwoord ik.

'Wijsheidstraditie?'

Ik ben blij dat R. me niet het vuur na aan de schenen legt. Ik ben nog steeds stuurloos. Toch voelt het dobberen nu anders dan een paar maanden geleden. Toen bestonden de enige boeien die me een beetje in het gareel hielden uit de dagelijkse verplichtingen. Nu koers ik maar op dingen die mijn nieuwsgierigheid prikkelen. Óf en hoe al die structuren en theorieën achter die medicijnwielopdrachten ooit in elkaar gaan passen weet ik niet, evenmin weet ik of de oefeningen zullen volstaan om wat lichtheid in mijn dagen te brengen.

Op mijn werk houd ik deze verkenningen voor me, maar ik merk dat ik een gevoeligheid ontwikkel voor mensen die met soortgelijke thema's bezig zijn. Op een dinsdagochtend drinken we gezamenlijk koffie omdat er drie verjaardagen op de afdeling zijn. Iedereen staat met zijn eigen mok bij de kopieerapparaten. Een hoogleraar laat iets vallen over een boek met de titel *Falling Upward*. Die titel komt me bekend voor, maar zoals wel vaker weet ik niet meer precies door wie het is geschreven en waar het ook alweer over ging. Het is een patroon dat een student, die later trouwens nooit zou afstuderen en vervolgens miljardair zou worden, krachtig samenvatte: 'Jij weet heel weinig van heel veel dingen.' De hoogleraar vertelt hoe de auteur een radicaal andere blik op de midlifecrisis en op ouder worden heeft gekregen. Het is een zegen om ouder te worden. Ik blijf haken aan 'zegen'. Dat woord neemt niet iedereen in de mond.

Thuis bestel ik het boek. De auteur blijkt een Amerikaanse priester te zijn die een groot voorvechter is van de interreligieuze dialoog. Ik lees het boek in één ruk uit. Ik heb niet alleen kennisgemaakt met een nieuwe manier van denken, maar ik weet vooral dat die hoogleraar óók in de zweef is. Dat verbaast me. Hij? Die geaarde, doodnormale man?

Een maand later vertel ik hem bij de koffieautomaat dat ik *Falling Upward* met plezier heb gelezen. We krijgen een geanimeerd gesprek, tot een derde collega koffie komt halen. Beiden gebruiken we plotseling alleen nog maar abstracties en generalisaties. Alsof we het hebben afgesproken vermijden we opeens woorden als 'zegen', 'meditatie' en 'bidden'. We zijn leden van een geheim genootschap, lijkt het.

In een volgend gesprek, eerst bij hem in de deuropening maar al snel sluiten we de deur, laat ik schoorvoetend iets los over mijn sjamanencursus. Aha. Interessant. Nee, dat soort dingen doet hij niet. Waarop hij vertelt dat hij wel eens bij Elisabeth komt. Wat ik uit zijn summiere uitleg begrijp is dat zij een wijze dame is die samenwerkt met ene Rose.

'Ik kan haar van harte aanbevelen, mocht je eens vragen hebben waar je al langer mee rondloopt.'
'Is ze een coach?'
'Mwah... coach... Een sóórt coach. Ze gaat heel intuïtief te werk.'

Ik neem het advies van deze hoogleraar serieus, juist omdat hij, voor zover ik kan zien, normaal functioneert. Niet overdreven zweverig in ieder geval. Gevoel voor humor en in voor zelfspot. Nog in bezit van zijn gezond verstand. Dus maak ik een afspraak met Elisabeth.

De enige informatie die ik heb is dat een consult anderhalf tot twee uur duurt en 150 euro kost, contant te voldoen.

Een dame van mijn leeftijd opent de deur. Ze is gekleed in een donkerblauw mantelpak met daaronder een hooggesloten pastelkleurig bloesje. Ze heeft parels in haar oren en haar haar strak achterover in een knotje. Haar verschijning stelt me gerust. Ze had ook opperrechter kunnen zijn. Zó alternatief en gek zal het allemaal niet zijn.

Elisabeth is weliswaar keurig op tijd, maar Rose laat op zich wachten. Ik wind me op. Dit is niet professioneel. Ik betaal 150 euro, en Rose verdomt het gewoon om op tijd te komen. Elisabeth knoopt een gesprek met mij aan, maar ik houd een half oog op de deur gericht. Ik kan nu wel beginnen met de beantwoording van die vragen, maar als Rose er zo meteen bij komt, kan ik alles weer opnieuw gaan uitleggen. Niet zo efficiënt allemaal.

Elisabeth wrijft over een grote roze kwartssteen en sluit haar ogen. Ze zwijgt. Na een poosje opent ze haar ogen weer. 'Rose zegt...' Pas op dat moment valt het kwartje dat ik niet langer hoef te anticiperen op de komst van Rose door de voordeur.

'Wat nou coach!' roep ik als ik de volgende dag bij de hoogleraar binnenloop. 'Ze is een channeller! Jij bent zó in de zweef.'
    'Ik zei een sóórt coach,' lacht hij. 'Goed is ze, hè?'
    'Heel accuraat. Echt *spot on.* Dank voor de tip.'
    Ik weet niet wat fijner is. Het goede consult gisteren, waarin Elisabeth zeer gedetailleerde feiten over en liefdevolle aansporingen namens mijn overleden moeder wist over te brengen, of de wetenschap dat ik niet helemaal alleen ben op deze universiteit met deze rare zoektocht.

De cursor wenkt. Ik moet het formulier invullen voor mijn beoordelingsgesprek. Het contact met die ene *fellow seeker*-collega is leuk, maar mijn werk is en blijft voor mij een dag vol redundante werkzaamheden.
    Op het standaardformulier is ruimte gereserveerd voor ontwikkelingsdoelen en ambities en volgende stappen. Afgemeten aan de stippellijnen moeten die ambities ook weer niet te groot en te talrijk zijn. Binnen de rechthoeken met afgeronde hoeken passen precies twee getypte regels.
    Alle vorige jaren is de volgende carrièrestap altijd duidelijk geweest. Een stap opzij naar het buitenland of een andere organisatie, of een stapje omhoog. Maar opeens zie ik er geen gat in.
    Mijn wetenschappelijke publicaties, waar ik misschien wel twee jaar aan heb geschaafd, worden door drie of vier

mensen gelezen. Vrijwel nooit ontvang ik een reactie. Ik was dan ook blij verrast toen ik per mail een vraag ontving over een publicatie. 'Met veel interesse heb ik uw artikel over publieke waarden gelezen. Ik vroeg me af: bent u misschien familie van de Dordtse tekenaar Otto Dicke?'

Tot zover de intellectuele uitwisseling onder academici.

Natuurlijk kan ik iets verzinnen voor het formulier van mijn beoordelingsgesprek. Iets over het verbeteren van mijn leiderschapskwaliteiten, of het internationaliseren van de vakgroep... Mijn baas zal al deze doelen honoreren. Er zal een kabbelend gesprek ontstaan. Maar er is een groot verschil met al die andere functioneringsgesprekken. De enige ambities die ik nu heb liggen op een terrein buiten mijn werk. Ik wil mijn hart weer openstellen voor mijn man, die ik de laatste tijd nooit meer echt spreek of voel – zoals zelden iets van buiten door kan dringen bij mij. Ik wil fitter worden. Ik drink me nu elke avond lam en sta verdoofd op. Soms niet eens zo gek als middel om de dag door te komen, maar het maakt me moe. Ik wil een doel hebben in het leven. Ik wil toegevoegde waarde hebben, mijn talenten benutten. Ik wil lachen. En ook nog iets met liefde.

Dit moet ik allemaal maar niet op het formulier invullen. Ik heb vaak genoeg aan de andere kant van de tafel gezeten om te weten dat een zekere mate van voorspelbaarheid op prijs wordt gesteld door de beoordelaar. Die doelen en wensen mogen een beetje schuren, maar het moet niet te gek worden.

Ik vul de stippellijnen in. 'Verder professionaliseren van de organisatie, vooral...'

Ik staar naar het scherm.

Backspace. Het veld is weer leeg. De cursor knippert.

Ik klap de laptop dicht en een treurigheid overvalt me.

Ik sluit niet uit dat het mijn calvinistische onderstroom is die de grootste boosdoener is. Au fond voel ik me schuldig. Schuldig dat ik geld verdien met dit soort overbodigheid. Ook schuldig dat ik mijn talenten niet nuttig inzet.

Tijdens het beoordelingsgesprek zeg ik mijn baan op.

'Ontslag? Je doet het juist zo goed. Ik zie je als toekomstig hoogleraar in ons vakgebied,' zegt mijn baas.

'Ik vind er niets meer aan. Het is niet vol te houden. Ik vind mijn werk futiel en onzinnig, zonder waarde voor mij of voor de samenleving. De enige reden dat ik hier nog zit is dat het zo fijn en goed is om met jou en jullie samen te werken.'

'Weet je het zeker? Wil je geen time-out?'

'Ik weet het zeker.'

Natuurlijk weet ik niet zeker of ik het zeker weet, maar ik weet wél zeker dat als ik niets doe ik het moeras in word getrokken. 'Snelheid is evenwicht,' zei een klasgenootje op de lagere school die professioneel wielrenner wilde worden als ik dreigde om te vallen in het mulle zand. Snelheid is evenwicht. Beter voorwaarts bewegen, wat dat ook moge zijn, dan blijven steken in deze bureaucratische brij van mijn werk.

Ik denk dat ik met mijn theoretische kennis van Management en Organisatie wellicht als manager iets heb toe te voegen aan de TU Delft. Zo word ik hr-manager op de universiteit. Opeens val ik niet meer in de categorie wp – wetenschappelijk personeel – maar in de categorie obp, ondersteunend en beheerspersoneel. Het lijkt voor buitenstaanders misschien alsof ik nog steeds op de TU Delft werk. Ik weet wel beter. Ik werk met en voor heel andere mensen, met compleet andere mores en ben minstens duizend treden lager in de pikorde beland.

In een benoemingsadviescommissie ben ik als hr-manager betrokken bij de selectie van een nieuwe hoogleraar. Van alle mogelijke voorzitters heeft uitgerekend Derk de leiding. De kandidaat heeft zojuist zijn presentatie gegeven en wordt nu verzocht te vertrekken, zodat de commissie zich kan gaan beraden over de selectie. De leden van de commissie geven één voor één hun oordeel over de kandidaat. Als Derk bij mij is beland slaat hij me over, zonder te aarzelen, alsof ik lucht ben.

'Eh, je vergeet Willemijn,' zegt een hoogleraar ter rechterzijde van mij als Derk hem en niet mij de spreektijd gunt.

'Willemijn is obp, geen wp.'

Als Adri gelijk heeft dat we moeten, dat ík moet leren inzien dat ik gehecht was aan mijn rol van wetenschapper en dat die rol zelfs onlosmakelijk deel leek uit te maken van mijn geconstrueerde identiteit, dan ben ik Derk dank verschuldigd voor zijn aanschouwelijk onderwijs.

Al snel blijkt mijn nieuwe baan nog moeilijker vol te houden dan mijn positie als universitair hoofddocent. Als een tandarts word ik in een afsprakenschema geduwd, met elk halfuur een nieuwe klant. Mensen komen nooit naar me toe omdat ze een leuk idee hebben, of omdat ze met me willen samenwerken. Nee, ze komen omdat ze ruzie hebben met hun collega, of omdat hun genie of werklust miskend is door hun baas, of omdat hun collega wel iets krijgt en zij niet. Of ze komen hun gram halen, niet altijd onterecht, omdat de hr-afdeling steken heeft laten vallen. Meestal zijn dat zaken waar ik ook niet veel aan kan doen, maar ik maak nu eenmaal deel uit van het hr-systeem dus ben ik ook de kwaaie pier. De slotsom is dat ik de hele dag klagende, boze, verdrietige, overspannen mensen spreek die terecht verwachten, mijn rol immers, dat ik de situatie kan oplossen.

Veel mensen spreek ik trouwens nooit. Die sturen kwaaie e-mails. Dagen met driehonderdvijftig of zelfs vijfhonderd nieuwe berichten in mijn inbox zijn geen uitzondering. Ik zorg dat ik om halfacht achter mijn bureau zit om de mails van afgelopen nacht weg te werken. Ik vertrek om zeven, soms acht uur 's avonds, om de mails die gedurende de afspraken binnen zijn gekomen te beantwoorden. De e-mails zijn mijn sisyfusarbeid. Het maakt niets uit dat ik de dag met een opgeruimde inbox afsluit. De komende nacht zal Outlook de teller weer op 187 nieuwe e-mails zetten.

Hoe heb ik ooit kunnen denken dat de overstap van wetenschap naar human resources een goed idee zou kunnen zijn?

Het is niet alleen de werkvreugde waar ik de bodem heb bereikt. Met mijn vrienden loopt de uitwisseling steeds moeilijker. Feestjes en etentjes met andere stellen waren meestal gezellig, warm. Er wordt gelachen. We spreken over zaken die we niet zo snel met anderen bespreken, over de voors en tegens van sterilisatie van de man – op alle manieren praktischer en fijner dan die eeuwige hormooninname door de vrouw, en toch willen onze mannen er niet aan; over onze succesjes maar zeker ook over onze mislukkingen en verkeerde inschattingen; dat onze kinderen misschien wel niet zo fantastisch zijn als we zouden willen; welk boek of welke film we echt moeten zien; wat we vinden van dit of dat morele dilemma. We lachen om onszelf en nog harder om anderen. Soms zijn we ontroerd – vaak zijn onze kinderen de aanleiding.

Deze avond kabbelt, net als vorige feestjes en dinertjes. Ik vind het deprimerend dat we met goede vrienden die we al minstens twintig jaar kennen op dit niveau van uitwisseling van wellevendheden zijn geraakt. Dat heb ik wel eens gehoord over andere stellen, daarover lees ik in boeken en er zijn beroemde toneelstukken over geschreven. Maar wij, nee wij zouden nooit in de poel der beleefdheden belanden.

'Het ging vanavond nergens over, hè?' vraag ik aan R. op de terugweg.

'Dat krijg je als je niets van jezelf laat zien,' antwoordt hij.

Hij heeft gelijk. Aan mijn goede vrienden heb ik weliswaar iets verteld over de sjamanencursus, maar ik heb met hen meegelachen over alle gekkies die met pendels in de weer zijn. Ik heb me geen moment kwetsbaar opgesteld. Met goede redenen. Als ik zou zeggen dat ik ben gekust door de wind of dat ik opging in het bladerdek, zouden zij noch ik raad weten met de volgende zet in het gesprek, laat staan in de vriendschap.

Voordat het laatste weekend plaatsvindt van het medicijnwiel vraag ik aan Adri of ik bij hem op consult mag komen. De dagen zijn weer onhoudbaar, zo donker. Ontmoedigd door mijn werk (nieuwe baan, zelfde zinloosheid) en mistroostig door mijn onvermogen om contact te hebben met mijn vrienden weet ik nog een derde ingrediënt aan mijn neerslachtigheid toe te voegen: mijn groeiend ongeduld over mijn aanhoudende somberheid. Het moet maar eens afgelopen zijn met dat eeuwige droefgeestige gezeur. Verwend nest.

Ik bezoek Adri in zijn huisartspraktijk. Bij hem staan inderdaad geen Rolls-Royces op de oprit, maar hij overdrijft weer in zijn gebrek aan esthetiek. Aan het grijze bakstenen muurtje hangt een gebleekt droogboeketje van minstens een decennium oud; de tijdschriften zijn allemaal ouder dan drie jaar. Ik ga liggen op de behandeltafel waarop een strook dun vloeipapier is gelegd. Alleen mijn schoenen zijn uit. Adri zit naast me op een krukje. Ik zie niets aan hem, maar ik weet uit de weekends bij het medicijnwiel dat hij het vermogen heeft om af te dalen in mijn onderbewustzijn. Het duurt lang. Zweetdruppels parelen op zijn voorhoofd, grote kringen verschijnen onder zijn oksels.

'Dit was een taaie opgave,' zegt Adri na afloop. Er huisde een energie van een geesteszieke, een waanzinnige in mij. Adri heeft die energie nu verwijderd.

Ik moet denken aan mijn familie. Van vaderskant ben ik genetisch belast met depressie, bipolaire stoornissen en andere psychiatrische aandoeningen. Mijn vader lijkt de dans aardig te zijn ontsprongen, maar minstens de helft van mijn familieleden zit in een psychiatrische inrichting en de andere helft was er niet uit de toon gevallen. In mijn moeders familie wemelt het van de alcoholisten. Het is niet onmogelijk dat ik ook erfelijk bedeeld ben met een geest die buiten de bandbreedte van het normale valt.

Hoe het zit met andermans energieën in mijn systeem weet ik niet. Maar wat ik zeker weet is dat ik, die al weken vergeten was hoe het was om te glimlachen, op de terugweg in de auto, als de dj's op de radio een onbenullig grapje maken, mijn mondhoeken omhoog voel gaan.

Dankjewel Adri.

De engel

2011-2013

Kosten: minstens 20 workshops, cursussen, readings, retraites à 150 tot 350 euro, altijd contant te voldoen

Allitereren kunnen ze wel, die spirituele schrijvers. De innerlijke reis naar jouw Schitterende Schat; de Zoektocht naar de Ziel; Licht en Liefde. Ik met mijn goede smaak zit nu wel mooi in zo'n pocketboek, achtste druk alweer, hoe doen die spirituele schrijvers dat toch, over de reis naar mijn eigen ziel te lezen. Op andere momenten mijmer ik dat het absurd is om te geloven in een aparte, zelfstandige entiteit, wat dan de ziel zou moeten zijn. Het is niets meer dan een kinderlijk verlangen naar schematische eenvoud.

In de boekenkast heb ik inmiddels nog een plank vrijgemaakt voor 'dit soort' boeken, door R. aangeduid met Spirituele Shit. Ik lees een boek, met gotische letters op de kaft, waarin de ziel wordt vergeleken met een gong. Sommige ruimtes bieden geen goede akoestiek aan een bepaalde gong. Het geluid draagt niet ver en klinkt dun. Als diezelfde gong in een andere ruimte wordt neergezet, draagt het geluid opeens mijlenver en heeft de gong een warm, vol geluid. Het is de kunst om voor jouw ziel een plaats te vinden waar je optimaal resoneert. In weer een ander boek verwoordde de schrijver het als volgt: je weet dat je jouw pad bewandelt als jouw hart juicht.

Of een ziel bestaat en wat de geest is weet ik allemaal niet. Het is mij hoe dan ook duidelijk dat ik verre van optimaal resoneer. En mijn hart heeft nog nooit gejuicht.

Meer dan twintig jaar studie, vergelijken, lezen, analyseren en reflecteren heeft me niets opgeleverd. Tijdens die oefeningen in het sjamanisme daarentegen heb ik me, bij vlagen, even opgetild gevoeld. De niet-cognitieve aanvliegroute heeft me tot nu toe meer opgeleverd dan al die boeken en analyses bij elkaar. Om mijn dofheid voor eens en voor altijd op te ruimen bezoek ik paragnosten in herenhuizen; zit ik twaalf weken lang in een protestantse kerk in een kring bij een lichtwerker die engelen en andere lichtwezens aanroept; reis ik af naar een kasteeltje in België om een workshop met stenen te doen; maak ik kennis met familieopstellingen en doe ik sessies emotioneel lichaamswerk. De haptonoom constateert spanningen in spieren en huid. Ik boek stilteretraites in kloosters, ik neem hallucinerende middeltjes. Ik drink uit alle putten die het spirituele landschap biedt om dichter bij de onderaardse rivier te geraken.

Soms schemert op het werk iets door van mijn belangstelling voor het onbekende. In mijn elektronische agenda, die openbaar is, ziet een collega staan dat ik eerder weg moet omdat ik die avond naar Amsterdam ga, voor een 'Spoedcursus Verlichting'. Mijn collega informeert of dat die introductiecursus over ledverlichting is, daar had hij goede verhalen over gehoord. Ik zeg geen ja en geen nee.

Mijn man en kinderen zwaaien me uit. Ze zijn inmiddels gewend geraakt aan mijn psychonautische weekends, die ik voor de buitenwacht altijd cursussen noem. Bij het tankstation koop ik het eerste pakje shag van mijn leven. 'Welk merk?' vraagt de pompbediende. 'Het goedkoopste.' Bij het overhandigen van de shag zegt hij dat je dit spul niet moet willen roken, want het is eigenlijk te vies. 'Ik ga het ook niet roken,' antwoord ik, en groet de man. De tabak zal vanavond als offer dienen op het altaar, samen met chocolade. Bij het starten van mijn auto twijfel ik even. Is het niet te krenterig om voor de allergoedkoopste optie te kiezen als dit pakje shag een geschenk is?

Ik rijd door naar de rand van Nederland. Bij de ingang van de boerderij die dienstdoet als cursuscentrum staat een zelfgeschilderd houten bord met een regenboog erop en daaronder met witte bibberige letters WELKOM. Achter in de tuin is een groot vuur met daaromheen een groep mensen. Dit zijn mijn medecursisten, met wie ik binnen enkele uren een hele middag naakt in een zweethut zal zitten en met wie ik vervolgens tot zonsopgang zal trippen op hallucinerend cactuspoeder uit Mexico. De groep bestaat uit ongeveer twintig mannen en vrouwen. De meesten hadden zo bij mij op kantoor op de gang kunnen lopen. Ik schud Peter, Harald, Esmee en al die andere witte medecursisten de hand. In Rotterdam word ik dagelijks omringd door Antillianen, Turken en Marokkanen. De zoektocht naar de ziel blijkt een autochtone aangelegenheid.

'Is het een goed vuurtje?' vraag ik aan een vrouw die er druk mee bezig is. Ze draagt een indianenband om haar voorhoofd en over haar lange haren, precies zoals ik dat ken van de foto's uit de jaren zeventig.

'Ik denk niet in goed of verkeerd,' antwoordt ze.

De gastvrouw komt naar ons toe en vertelt dat het programma zo gaat beginnen met 'sharing' in de ceremonieruimte. Dat blijkt de schuur naast het woonhuis te zijn. Langs de wanden liggen matrassen, kussens en dekens. Aan de wanden hangen beeltenissen van Boeddha. Voor de ramen van het schuurtje hangen Indiase velours gordijnen met ingeweven kleine ronde spiegeltjes.

De cursisten, de begeleiders, de Mexicaanse sjamaan en zijn assistent installeren zich op de matrassen. Silvia neemt als eerste het woord. Ze licht het schema toe en vertelt iets over de spelregels. Zo is het prima dat we onder invloed ons hart openstellen en van elkaar en het universum houden. Maar bij vorige sessies belandden cursisten op het terrein van de buren, op de golfbaan. De golfers hadden geklaagd over mannen en vrouwen die grassprietjes aan het likken waren. Knuffelen en likken en wat dan ook is prima, als we het maar op dit terrein doen. Daarna wil ze ons één ding heel duidelijk maken. Sommige mensen willen ertussenuit knijpen. Dat is vervelend voor de groep en voor de leiding. Iedereen maakt zich zorgen als iemand opeens weg is. Bovendien ben je na inname van de peyote enige tijd onder invloed. De assistent van de sjamaan heeft wel eens voorgesteld dat iedereen zijn autosleutels inlevert zodat niemand voortijdig kan vertrekken. 'Ik wil ze wel inleveren hoor,' zegt een man. Dat vindt Silvia nu ook weer niet nodig, als we ons maar realiseren dat iedereen geacht wordt tot het einde te blijven. Ze besluit haar intro met een rondvraag. 'Ik ben benieuwd of je ervaring hebt met entheogene middelen of met een zweethut, en wat je intentie is.'

Een jongen met blond haar en opgetrokken schouders krijgt het woord. Hij spreekt zacht. Hij vertelt over zijn problemen op het werk, ruzies met dierbaren en de moeite die hij heeft met het aangaan van intieme relaties. Hij heeft enige tijd geleden een zelfmoordpoging gedaan. Silvia knikt maar blijft zwijgen, wat de jongen als een aanmoediging lijkt op te vatten. Hij vertelt nog meer. Eindelijk besluit hij dat hij dit weekend zijn hart wil openstellen en hoopt dat hij het leven weer aan zal kunnen. We zijn minstens tien minuten verder. Het verbaast me dat hij zo veel moeite doet om zijn verhaal te vertellen aan een groep van dertig vreemden, een groep die bovendien maar achtenveertig uur bij elkaar zal zijn.

Dan is nummer twee aan de beurt. De man, even gespierd als gebruind, vertelt ook over persoonlijke moeilijkheden en beproevingen die hij de afgelopen twee jaar heeft doorstaan. Zo volgen achtentwintig zeer persoonlijke verhalen over verdriet, twijfel, minderwaardigheidsgevoelens, eenzaamheid en behoefte aan liefde en erkenning. Ik heb inmiddels veel van dit soort bijeenkomsten bijgewoond en het valt me op hoe gering het aantal bronnen van menselijke wanhoop is.

Tijdens het kennismakingsrondje bereken ik de verdiensten van de gastvrouw. Ik kan het rekenen niet laten, al vind ik het onsympathiek van mezelf. De opbrengst is dertigmaal 325 euro, maar er zijn natuurlijk ook nog kosten. De catering, bestaande uit kruidenthee en linzensoep, zal haar de kop niet kosten. Ze vergoedt vast de tickets en het verblijf van de sjamaan en zijn assistent, en ik heb vijf begeleiders geteld die waarschijnlijk niet meer dan een tientje per uur kosten. De grote onbekende kostenpost voor mij is het cactuspoeder. Het moet gek lopen als ze er minder dan 3000 of 4000 euro aan overhoudt. Het gaat dit weekend over spirituele groei, vertrouwen, je hart openstellen. Het enige wat mijn hersens voortbrengen is een rekensom.

Dan ben ik aan de beurt. 'Ik heb geen ervaring met peyote, wel met ayahuasca, iboga, paddenstoelen en andere middelen. De zweethut wordt mijn eerste keer. Mijn intentie is om mijn helpers van gene zijde te ontmoeten opdat ze mij weer een stapje verder helpen op mijn pad. Daarbij hoop ik op een shortcut.'

Ook op mijn korte verklaring knikt Silvia goedkeurend.

Achter het woonhuis staat een karkas van takken. Het is het begin van wat over enkele kwartieren de zweethut zal zijn. De hut is rond, en heeft een doorsnede van zo'n vier meter. Op het hoogste punt is de hut anderhalve meter hoog. Met kruiwagens halen we grote stapels wollen dekens uit een schuurtje die we volgens een bepaalde techniek over het staketsel heen draperen.

Silvia roept me. Ik heb me opgegeven voor een privésessie bij de Mexicaanse sjamaan. Hij heeft nu tijd voor de healing. Ik klop op de deur van de schuur die dienstdoet als ceremonieruimte. Een kleine man in witte, ceremoniële kleding met daarover een Tenson-allweatherjack zit op een van de matrassen. Het is Don Antonio, een vermaarde sjamaan uit de binnenlanden van Mexico. Het hele weekend kijkt hij blij en in control. Hem krijg je niet gek. Het is dezelfde, bijna kinderlijk-vrolijke uitstraling zoals je die bij de Dalai Lama en andere grootheden ziet. De sjamaan lacht vaak, juist om kleine, universele grapjes die geen taal of ironie behoeven.

Ik heb vaker sjamanen aan het werk gezien en ben onder de indruk van hun mogelijkheden om dingen te zien, te weten en te genezen. Bij Adri heb ik uit eerste hand ervaren hoe mensen in één behandeling van een trauma, een allesbeheersende allergie of een ziekelijke vorm van heimwee zijn genezen. Ook weet ik dat het niet altijd raak is. Mijn kattenallergie is er na drie behandelingen nog niet minder op geworden. Hetzelfde geldt voor mijn gebrek aan plezier in het leven. Ook dat zwarte gat was niet met één handoplegging te verhelpen.

De betekenis van het woord sjamaan is 'hij die ziet'. Sjamanen kunnen energie voelen, beïnvloeden en sturen. Het sjamanisme gaat ervan uit dat alles energie is – net als de kwantummechanica trouwens. Sjamanen kunnen met energieën communiceren die voor de meeste mensen niet voelbaar of zichtbaar zijn. Vaak geloof ik dat. Maar soms vind ik het lastig om mee te gaan in de rituelen met stenen, vuur, spiegeltjes en offers van tabak.

Ik maak een buiginkje voor de sjamaan en blijf aarzelend staan. Een vrouw die naast hem staat vertelt me dat ze hier is om te vertalen. Ik moet me uitkleden en op een matje gaan liggen. Het is wel erg naakt zo, om me zonder kamerscherm of apart hokje te moeten ontkleden. Die huisartsen zijn toch niet helemaal gek dat ze ons onze privacy gunnen bij het uitkleden.

Als ik naakt voor de sjamaan op de grond lig, scant hij mijn lichaam. Hij kijkt, maar hij kijkt ook weer niet. Alsof hij langs mijn lichaam naar iets staart. Dan begint hij, zonder waarschuwing, in mijn buik te duwen. Met een stok met veren strijkt hij eroverheen. Hij roert met de stok in mijn ingewanden. Vervolgens prikt hij met zijn vingers en daarna met zijn hele hand in mijn maag en darmen. Hij drukt hard, en nog harder op een plek naast mijn navel. Het doet pijn. De sjamaan loopt een paar passen terug, kijkt van een afstandje naar mijn lichaam en gaat nogmaals terug naar de plek in mijn buik. Hij zet zijn mond op mijn blote buik en maakt afwisselend een gorgelend en zuigend geluid. Dan rochelt hij en de vrouw geeft hem een papieren zakdoekje aan. Hij spuugt en laat me grijs slijm zien, als bewijs van zijn inspanningen. Hij zegt iets in het Spaans. De dame vertaalt: 'Er zat iets onverwerkts in je maag. Dat blokkeerde de energiedoorstroom in je lijf. Dat heeft hij nu weggehaald.' Het grijze troebele slijm is afzichtelijk.

De sjamaan gaat verder met zijn scan. Weer kijkt hij eerder langs dan naar mijn lichaam. Deze keer is het mijn hart. Hij port, en strijkt over mijn linkerborst. Dan weer het gorgelen en rochelen. Ook hier een grijze klodder. 'Je hebt je hart afgesloten. Nu kun je je hart openen en laten stromen,' vertaalt de dame. Heel even vraag ik me af of die veren wel schoon zijn. Vogelvirussen kunnen levensgevaarlijk zijn voor mensen. Meteen stuur ik die gedachte weg. Geloof is immers de helft van de genezing; mijn scepsis zal het effect van deze behandeling negatief beïnvloeden.

De sjamaan gebiedt me op het volgende matje plaats te nemen. Ik ga op mijn buik liggen. Hij kraakt mijn wervels precies zoals mijn manueel therapeut dat doet, alleen heeft die zijn diploma's ingelijst aan de muur hangen. Op de valreep vraagt hij of ik nog iets bijzonders van hem wil. Nou, ik wil wel van die kattenallergie af. Hij pakt zijn staf met veren en strijkt over mijn lichaam.

Ik sta naakt voor hem. Met een eerbiedig knikje, zoals kinderen voor Sinterklaas, dank ik hem voor de healing. Tijdens het aankleden zie ik grote rode plekken op mijn buik van het porren en schuren. Ik vraag me af hoeveel van de 50 euro die ik voor deze healing aan Silvia heb betaald bij deze sjamaan terecht zal komen.

Als ik vanuit de ceremonieruimte naar buiten loop voel ik me opeens zorgeloos en licht, blij zelfs. Dat zijn voor mij gemoedstoestanden die ik de afgelopen jaren zelden heb ervaren. Het lijkt alsof de wereld een kleurbad heeft gekregen terwijl ik binnen was. Het rieten dak, de kiezels op de grond, de geparkeerde auto's: alles lijkt feller, voller, levendiger. Alsof ik na jaren naar een zwart-wittelevisie te hebben gekeken voor het eerst kleurentelevisie zie. Ik zie hoe de takjes van de boom prachtig aftekenen tegen de blauwe lucht. Ik voel me sterk en soepel. Nu pas realiseer ik me hoe bedrukt en ingeklemd ik me hiervoor voelde. Opeens is er ruimte, ademruimte. Ik voel me onbedrukt, als dat de tegenstelling zou zijn van bedrukt. Daar in Twente, onder de boom tussen schuur en zweethut, zeg ik voluit ja tegen mijn leven.

De ceremonie in de zweethut kan elk moment beginnen. De meeste deelnemers staan naakt in de rij; ik heb een sarong omgedaan. We mogen één voor één naar binnen. Een van de onderdelen van het ritueel is dat je voor het betreden van de zweethut knielt en met je voorhoofd de aarde aanraakt. Niet de meest elegante pose als je in je nakie bent. Ik kijk weg om niet al die opengesperde anussen te hoeven zien. Wat ben ik blij dat mijn sarong mijn billen bedekt.

Iedereen is binnen. We zitten dicht tegen elkaar aan. Ik voel de naakte schenen van mijn buurman langs mijn dij. De modder schuurt. De sjamaan sluit de opening van de hut met wollen doeken. Opeens is het aardedonker. Het maakt geen enkel verschil of ik mijn ogen sluit of dat ik ze open. Ik kan me niet herinneren ooit in zo'n donkere ruimte te hebben gezeten en nu pas voel ik wat het is om geen hand voor ogen te kunnen zien.

De stenen die de hele middag in het vuur hebben gelegen geven veel warmte en al snel is het heter dan ik me kan herinneren van welke sauna dan ook. De assistent van de sjamaan moedigt ons aan samen te zingen. Een deelnemer begint met een liedje over de terugkeer van de Spirit naar de *sea* en de *air* en de *fire* en *to the water*. Het is een uitnodigende melodie en ik zing uit volle borst mee. Het is heerlijk om in het pikkedonker samen te zingen. We hebben kleine instrumenten meegenomen: een sambabal, een mondharpje, een paar belletjes op een houtje. Die geluiden van de instrumenten, de hitte, de absolute donkerte en de samenzang verlenen deze sessie iets magisch. Ik denk aan niets. Ik zing en ik ben. Meer niet.

De staat waarin ik nu ben heb ik nooit bereikt met zenmeditatie. Met hummen en zingen lost mijn ego vrijwel moeiteloos op. Mijn geestesgesteldheid lijkt een beetje op een orgasme. Gedurende een ogenblik bestaat er niets anders dan dat, je bént het orgasme. Precies zo ben ik nu het zingen, ben ik de zweethut en ben ik de groep. Ik voel geen onderscheid meer tussen mij en de ander, of tussen mij en het zingen. Er is geen tijd – of die factor doet er niet toe. Dit opgaan in het nu zonder grenzen maar vooral zonder ego is fantastisch.

Dan zie ik een wolkje van licht boven ons in de zweethut. Het heeft de vorm van een dikkige, doorzichtige vleermuis. Het is een doorschijnende... Ja, wat is het? Is het zinsbegoocheling, maken mijn hersenen dit soort figuren aan door de duisternis? Ik maan mezelf tot rust: wees nu voor één keer niet zo rationeel en laat de dingen gebeuren en probeer in godsnaam nu eens te voelen in plaats van te redeneren. Ik besluit dat ik me moet richten op het liedje om de tweestrijd te laten voor wat die is.

Ik beweeg op het ritme van een ander liedje met alweer een eindeloos repeterend refrein, zing mee. Met een half oog kijk ik naar het transparante lichtgevende wolkje dat langzaam boven ons beweegt. Nu ik de stemmen tot zwijgen heb gebracht en mijn oordeel tot nader order heb uitgesteld voel ik opeens iets.

De aanwezigheid van het wolkje troost me. Het is moeilijk om in woorden te vangen hoe zo'n denkbeeldige verschijning in hemelsnaam zoiets teweeg kan brengen bij mij. Laat ik proberen het op een andere manier uit te drukken.

Als het dikke vleermuisje zich met woorden tot mij richtte zou het zeggen: 'Je bent niet alleen. Ik ben bij je.' Als het een persoon was zou het een wijze oude moeder zijn die je aanspoort je hoofd op haar zachte buik te slapen te leggen terwijl zij over je haren strijkt. Als het een voorwerp was zou het een warme, zachte deken in aardetinten zijn, gemaakt van de fijnste stof. Als het een schilderij was zou het een doek met een zonsopkomst boven de zee zijn, met het zachte warmrood als een voorbode van het heldere licht.

De assistent van de sjamaan haalt de wollen dekens die bij de ingang van de zweethut hangen weg. Met het invallende licht is voor mij de vleermuis opeens verdwenen.

'Jammer,' zeg ik tegen mijn buurvrouw, die helemaal onder de modder zit. 'Ik zag net zulke mooie dingen.'

'Zag jij 'm ook?' vraagt ze. 'Het lichtwezen?' In haar beschrijving van 'een grote vogel' herken ik mijn vleermuis en ik knik bevestigend naar haar. Tegelijkertijd juich ik, in mezelf. Ik ben niet gek. Het zijn niet alleen maar neurologische processen die deze verschijningen voortbrengen. De vleermuis was er echt, nou ja, soort van echt.

Ik hoop dat ik die bevestiging ooit niet meer nodig zal hebben. Nu vind ik het prettig dat anderen mijn observaties en ervaringen bevestigen. Het liefst zou ik drie verschillende bronnen hebben voor mijn waarneming. Triangulatie heet dat in de sociale wetenschap. Ik moet eraan wennen dat triangulatie op de spirituele weg waardeloos is. Het is alleen mijn waarheid die telt, de waarheid die waarheid is omdat ik het zeker weet. Richard Rohr beschrijft het als '*one who has moved from mere belief systems [...] to actual inner experience.*' Dat heb ik gelezen en ik weet dat het belangrijk is om op je eigen ervaring te kunnen vertrouwen.

Maar het is toch geruststellend dat deze vrouw hetzelfde heeft gezien als ik.

Na afloop staan we bloot in de Twentse tuin. Ik ben niet langer ongemakkelijk onder mijn eigen naaktheid. Sommige mensen lachen, anderen huilen. Er wordt geknuffeld en over ruggen gewreven en over haren gestreeld. Die lichamelijke verbinding met anderen zoek ik niet. In mijn blootje eet ik mijn linzensoep en ik voel me daar uitstekend bij. Het blijkt dat we meer dan drie uur in de zweethut hebben gezeten – ik had geen idee. Het had net zo goed een halfuur kunnen zijn, of vijf uur.

Ik verheug me op het echte werk: de peyotetrip van vanavond, waarop ik me enigszins heb voorbereid. Ten eerste las ik *Doors of Perception* van Aldous Huxley. Dit beroemde hippieboek – The Doors hebben hun naam afgeleid van de titel – had ik nog nooit gelezen. Huxley beschrijft hoe het is om te hallucineren. Tijdens zijn trip op peyote laat hij zich ondervragen door een interviewer die nuchter is. De vragen en antwoorden worden op band opgenomen. De interviewer vraagt bijvoorbeeld wat Huxley ziet, of hij iets ruikt en welke kleuren hij waarneemt. Dan vraagt de interviewer hoe zijn tijdsbeleving is. Huxley, midden in zijn trip, antwoordt: '*Time? There is plenty of it.*'

Dit antwoord schroeft mijn verwachtingen van de hallucinerende trip op. Kennelijk filtert en verwerkt het ego normaal gesproken de ervaringen en waarnemingen langs de assen tijd en ruimte. Als het rationele centrum in het bewustzijn wordt uitgeschakeld door een hallucinerend goedje, vervallen die kaders. De waarneming komt direct binnen, zonder ordening of filter. Zou dat aan de hand zijn geweest met mijn ervaring zojuist in de zweethut? Als dit me al lukt zonder hallucinerende middelen, zal ik vanavond wel helemaal skyhigh gaan trippen.

Een andere voorbereiding op mijn peyotetrip was het her-her-herbekijken van een aflevering van de televisieserie *The Soprano's*. Tony Soprano, de godfather van een maffiaclan in de Verenigde Staten (gespeeld door de inmiddels overleden James Gandolfini), reist in deze aflevering naar Las Vegas. Hij heeft zojuist zijn neef Christopher vermoord. Niemand weet dat, alleen Tony. Hij gaat uit met een mooie 'exotische danseres' met wie Christopher voorheen een relatie had. In deze aflevering nemen Tony en de danseres peyote. 'Je hoeft niet te kauwen, slik maar gewoon door,' zegt zij als ze hem wat spul aanreikt dat eruitziet als een hompje gebruikte kauwgom. Niet veel later zien we Tony kotsend boven de wc-pot hangen. Volgende scène. De twee gaan naar een casino, high van de cactus. Tony zet achter elkaar winnend in en geeft krankzinnige fooien aan de croupier. Zijn blik blijft lang rusten op details in zijn omgeving die enorm worden uitvergroot: een duiveltje in een gokautomaat, een onderdeel van een lamp, enzovoorts. Na weer een winnende inzet aan de roulettetafel valt hij op de grond in het casino, helemaal out maar wel glimlachend. Op het einde zien we Tony en zijn vriendin-voor-één-nacht in de woestijn van Nevada naast de auto zitten. Samen wachten ze op de zonsopkomst. Wanneer Tony de eerste zonnestralen achter de bergtoppen ziet verschijnen, staat hij op en loopt naar de zon. Lachend en huilend tegelijk roept hij uit, met zijn armen gespreid: '*I get it!*'

Tony's ervaring met peyote vind ik zeer uitnodigend. Voor zo'n diep inzicht heb ik best een beetje misselijkheid over.

Voorafgaand aan de peyoteceremonie zal de assistent van de sjamaan ons uitleg geven over de gang van zaken. We worden bij elkaar geroepen in de ceremonieruimte, zoals ik de schuur inmiddels kan noemen zonder besmuikt te lachen. De beamer staat al klaar. De jonge man begint zijn powerpointpresentatie. De eerste slides bevatten alleen maar tekst, titels, affiliaties, referenties in onleesbare twaalfpuntsletters van het type Times New Roman. Zelfs op mijn werk zijn presentaties niet meer zo droog als deze. Binnen een paar uur van zweethut naar powerpoint – het is meer dan ik kan bevatten. De dia's vier tot en met zeven gaan allemaal over Mexico, de geografische ligging, de hoofdstad, het aantal inwoners. De assistent herhaalt een keer of tien dat Mexico bij Noord-Amerika hoort. Pas bij de zuidgrens van Mexico begint Midden-Amerika. Hij zegt het nog maar eens: Mexico hoort, net als de vs, bij Noord-Amerika.

De assistent legt het belang uit van peyote voor zijn gemeenschap in Mexico. Het is niet zomaar effe lekker trippen. Nee, het is een medicijn. Een goddelijk medicijn ook nog eens. Dat is de betekenis van entheogeen: God zit in het middel. De plant weet hoe en waar hij het beste in jouw lijf of geest werkzaam kan zijn.

De assistent laat veel foto's zien van mensen in zijn gemeenschap, van de kunst en het vakmanschap in zijn dorp. In de kunst heeft peyote een centrale rol. Veel afbeeldingen gaan over visioenen die sjamanen hebben gekregen dankzij het medicijn. Hij gaat verder. De woestijn waar de cactus groeit is heilige grond voor zijn gemeenschap. Elk jaar ondernemen mensen uit zijn dorp een bedevaart. In een voettocht van meer dan een dag lopen ze in ceremoniële kleding naar de woestijn om daar de juiste cactussen te plukken. De cactus heeft een centrale rol in de gemeenschap: hij maakt een verbinding tussen de onder-, tussen- en bovenwereld mogelijk. Door de hallucinaties kunnen wij mensen in contact komen met onze gidsen, krijgen we visioenen van hogerhand. In zijn dorp wordt een paar maal per jaar een peyoteceremonie gehouden. Kinderen vanaf drie jaar doen mee. Er zijn ook speciale ceremonies alleen voor kinderen.

De assistent spreekt met ontzag over de sjamaan. 'Het lijkt zo gemakkelijk wat hij doet, maar het vergt jaren van toewijding om de energieën te kunnen ervaren en te kunnen sturen op de manier waarop de sjamaan dat kan.' Hij vertelt smalend over toeristen die naar hun dorp komen.

'Als ze een paar peyoteceremonieën hebben meegemaakt, denken ze dat ze sjamaan zijn. Ze vragen nog net niet om een sjamanendiploma.'

De ceremonie bestaat uit achttien stappen. Sommige fasen zijn roodgemarkeerd op de slide, ons gesprek met het vuur bijvoorbeeld. Onder invloed van de cactus zullen wij vannacht een gesprek aanknopen met het vuur. Geen mompelend gesprek, of een denkbeeldig gesprek, maar een uitwisseling van woorden. Ook roodgemarkeerd: hij maant ons tot stilte als de sjamaan zijn gezang of gebeden zal laten horen. 'Hij bedient dan de knopjes van het besturingspaneel van het ruimteschip. Als we hem dan afleiden, stijgen we nooit op.' We zullen de hele nacht, tot zonsopgang, de ceremonie vieren.

Die zonsopgang hebben we trouwens gemist; de oude sjamaan was in slaap gevallen.

De avond begint met de zegening van de sjamaan. Wij, blonde Hollanders, zitten volgens voorschrift allemaal met een rode sjaal om ons hoofd. Dat is om de kwade energieën te weren. Op slag geeft die rode band ons iets inheems, maar vooral iets bespottelijks. Er wordt een altaar gemaakt met muntjes en spiegeltjes en andere zaken zoals tabak en chocolade die we offeren aan... Ja, aan wat eigenlijk? Het lijkt me een kinderlijke gedachte dat die geesten graag chocolade en tabak zouden willen hebben, maar ik wil geen spelbreker zijn. Je doet mee of je doet niet mee.

Ik heb een hekel aan mensen die tijdens trainingen de uitgangspunten of theorieën van de trainer of presentator ter discussie stellen. Zo denk ik bij cursussen projectmanagement, en zo denk ik nu tijdens de peyoteceremonie.

We stellen ons voor aan de sjamaan en we vertellen hem wat onze intentie is. Ik wil wat Tony Soprano voelde bij de zonsopgang. Ik wil na deze nacht juichend 'I get it!' kunnen roepen. Ik wil de zin van het leven, en preciezer nog van míjn leven begrijpen. Ik wil mijn levenspad leren kennen met mijn levensdoel. Ik wil weten wat of wie mij kan helpen om de zin en levensvreugde te vinden.

Na vele ceremoniële handelingen met kaarsen, veren en water komt de assistent van de sjamaan met een pindakaaspot. Anders dan Tony Soprano, die peyote in een brokje naar binnen werkte, krijgen wij hem in poedervorm uit een pindakaaspot. Zou dat een truc zijn om de douane te misleiden? Ik probeer me voor te stellen hoe ze dit überhaupt Schiphol uit hebben gesmokkeld en dan stop ik. Het gaat om mijn trip, niet om de juridische aspecten van de illegale invoer van harddrugs.

We beginnen met een theelepel. Het poeder is bitter en klonterig. Ik moet onmiddellijk kokhalzen en ik hoop maar dat ik deze keer meer binnen kan houden dan bij mijn vorige trips met natuurmiddeltjes.

We voelen bij het eerste hapje nog niets. We zingen en maken muziek samen. Een enkeling danst, of gaat bij het vuur zitten. De rest hangt op de matrassen in de ceremonieruimte. Na hap nummer vier of vijf ga ik over mijn nek. Dat is juist goed, is ons verteld. Het beste is om over te geven in het vuur. Dan wordt het negatieve getransformeerd. Waarin weet ik niet. Ik word aangemoedigd om in het vuur te braken, maar met al die omstanders kan ik dat niet. Als een poes trek ik me terug met een teiltje en kots in een hoek van de tuin, achter de struiken. Wel gooi ik mijn braaksel in het vuur. Dat ik moge transformeren! Ik word gefeliciteerd. Ik ben jaloers op een blonde student die zonder gêne voluit in het vuur durft te kotsen.

Soms zet de sjamaan zijn gezang in, dat het midden houdt tussen een oproep tot het gebed vanuit een moskee en gregoriaans gezang. Hij bidt in zijn eigen, inlandse taal. Ik weet niet hoe het is om zonder peyote te luisteren naar het gezang, maar in de roes is het zonder meer betoverend, iedere keer op een andere manier. Het is als de rattenvanger van Hamelen die alle kinderen verzamelt. Hij neemt iedereen mee naar een andere sfeer. Soms heerst er een uitgelaten stemming. Als de sjamaan gaat zingen, en die gebeden duren misschien wel een halfuur, ik heb geen idee, komt iedereen op eenzelfde golflengte. De ene keer ben ik ontroerd door zijn gezang waarvan ik van geen enkel woord de betekenis ken. Een volgende keer word ik opgetogen of vrolijk van zijn staccato gebeden. Soms lijkt het alsof we getuige zijn van de sjamaan die een lange mop vertelt aan God, zo familiair en tegelijk heilig is de toon van zijn gebed.

Ik ben inmiddels heerlijk *mellow*. Ik weet wie ik ben en waar ik ben, maar ik ben mild en blij. Er komen vervormingen en patronen voorbij, maar van een inzicht als 'I get it!' blijf ik verstoken. Ik besluit nog maar een hap van het bittere poeder te nemen. Opeens kruipt een slang door de ruimte. Of nee, het is muziek. Waar het dier is, daar komt ook de muziek vandaan, alsof die rechtstreeks uit zijn poriën komt. Als de slang dichterbij komt, hoor ik opeens heel scherp de afzonderlijke instrumenten. Ik hoor ook de pauzes tussen de noten, ik hoor de individuele inzetten van de instrumenten. Niet eerder heb ik zo'n absoluut gehoor gehad. De slang glijdt voorbij en de muziek sterft langzaam weg.

Dan zie ik heel duidelijk en gericht door mijn derde oog. Dat is de plek tussen de wenkbrauwen die hindoes markeren met een rode stip. Door dat derde oog zie ik een tunnel van licht. Het is vredig en goed. Glimlachend lig ik te midden van kussens. Nog met mijn ogen dicht zie ik hoe een moederfiguur knielt aan mijn rechterzijde. Ze buigt zich over me heen. Ze zorgt voor me. Ik ben ontroerd door zo veel zachtheid en liefde. Ze is alleen maar goed, goed zonder schaduwkant, goedheid zonder tegenpool. Oneindig goed. Ze waakt over me. Als ik mijn ogen open om haar te zien en aan te raken is ze verdwenen.

Hoewel mijn maag pijn doet, besluit ik om nog een hap te nemen. Anders vind ik natuurlijk nooit mijn levenspad. Ik neem een hap en kots onmiddellijk. Het braaksel is gedeeltelijk in een bak terechtgekomen, maar ook deels op een matras. Ik vraag een van de begeleiders om het schoon te maken. 'Ach, dat is maar een beetje, dat merkt zo meteen niemand meer.'

Een vrouw die de hele dag al negatief is over zo'n beetje alles klaagt over maagpijn en misselijkheid. 'Onvoorstelbaar dat ik hier dan zoveel voor betaal. Het is niet eens leuk.'

Ik wil wel meer en verder, maar mijn lijf schreeuwt uit alle macht van niet. Het bovenste deel van mijn maag voelt aan als een keiharde tennisbal die zo hard tegen mijn ribben drukt dat alles beurs is. Het voelt alsof mijn keel en slokdarm geschaafd en geschroeid zijn. Als ik weer kots, verbaast het me dat het geen bloed is. Mijn hele middenrif voelt gebutst, geschaafd en verwond. Ik houd het voor gezien met de happen cactuspoeder. Anderen gaan eindeloos door. Het kotsen lijkt hun nauwelijks te deren.

Er wordt veel gefriemeld en gestreeld. Ik lig onder een deken half tegen een man aan. Hij leunt tegen een vrouw aan, die weer half op een andere man ligt. De vrouw zegt: 'Van wie is dit been? En deze arm? Mmm, wat een lekkere energie van jullie beiden.' Een man voorbij middelbare leeftijd komt bij mij zitten en slaat zijn arm om mij heen. Wanneer zijn hand onder mijn shirt verdwijnt, bedank ik voor de aandacht en loop naar het vuur.

Als de pindakaaspot leeg is, staat de assistent op. 'Ik ga even nieuwe stuff scoren,' zegt hij en hij maakt een gebaar alsof hij een drugsrunner is die zijn scooter start. Ik was al gecharmeerd van hem, maar nu ben ik verliefd.

De sjamaan vraagt hoe het met ons gaat. We maken een rondje. 'Het gaat goed. Ik voel me blij,' zegt de blonde depressieve jongen. Er wordt gegiecheld. 'Mijn hartchakra staat helemaal open,' zegt iemand. 'Ik houd van jullie allemaal,' zegt een ander. Een zaal vol blije mensen.

De assistent van de sjamaan vertelt dat degenen die maagpijn hebben en moeten overgeven vaak fysiek schoongemaakt moeten worden, bijvoorbeeld als we te veel vet eten, of suiker, melk of alcohol. Ik heb erge maagpijn en ik trek me die boodschap aan. Ik stop veel te veel rommel in mijn lijf. Vooral te veel alcohol. Het medicijn weet hoe en waar het moet werken. Bij de een is dat het veroorzaken van hallucinaties, en bij de ander is dat een lichamelijke schoonmaak. Hij gaat verder. Het kan ook zijn dat het medicijn wil wijzen op een slecht functionerend derde chakra.

Ook deze boodschap resoneert bij mij. De basiskleur van het derde chakra is geel, heb ik net in een andere cursus geleerd. De hele avond heb ik gele beelden gezien voor mijn geestesoog. Zou dit een teken zijn? Moet ik iets met mijn derde chakra? 'Maar als je maagpijn hebt en misselijk bent kan het natuurlijk ook zijn dat je gisteren een komkommer hebt gegeten die verkeerd is gevallen,' lacht de assistent. Het liefst zou ik de rest van de avond alleen met hem trippen. Maar de sjamaan en hij drinken vruchtensap en eten een banaan. De pindakaaspot met peyote raken ze niet aan. 'Dat heeft de sjamaan niet meer nodig,' zegt de assistent.

Ik ga buiten bij het vuur zitten. Het begint licht te worden en het medicijn verliest aan kracht bij mij, omdat ik al een tijd – een uur? een paar uur? – niets heb genomen. Ik zie hoe high de anderen zijn. Ze giechelen, knuffelen, staren in het vuur.

Ik hoor hoe de begeleiding moppert over de organisatie van het weekend, de taken en verantwoordelijkheden waren niet duidelijk. Een vrijwilligster had zich opgegeven voor deze avond om ervaring op te doen, maar nu is zij zo'n beetje de enige die de boel draaiende houdt, vindt ze. Als ze dat van tevoren had geweten, had ze ook officieel begeleider willen zijn. Ik moet me inhouden om haar geen organisatieadvies te geven.

Het is nu een uur of acht in de ochtend en de meesten gaan nu slapen. Rond twaalf uur zullen we eindigen met een sharing waarin iedereen zal vertellen hoe de reis voor hem of haar is geweest. Ik weet dat het niet bespreekbaar is om er eerder tussenuit te piepen, maar ik besluit om die laatste sharing niet mee te maken. Ik heb geen zin in de therapeutische verhalen van de anderen en ik heb al helemaal geen behoefte om mijn ervaring te delen.

In een dikke mist rijd ik over een lange rechte weg naar huis. Ik moet erg mijn best doen om mijn aandacht bij de weg te houden. Frisse lucht en koffie, besluit ik. Bij een tankstation gooi ik geld in een koffieautomaat, maar het lukt me niet om mijn bekertje te vullen. Ik druk op alle knoppen en ik gooi er nog eens geld in, maar de automaat reageert nergens op. Een Twentse pompbediende roept tevergeefs enige instructies en komt na enige tijd achter het glas vandaan om mij te helpen. Met één druk op de knop wordt de koffie in het plastic bekertje gestort. Ik heb de hele tijd op een rode sticker gedrukt, in plaats van op de knop voor de koffie. Misschien ben ik toch nog meer onder invloed van de peyote dan ik dacht toen ik in de auto stapte.

Thuis word ik begroet door een uitzinnig kwispelende hond en kinderen die me omhelzen alsof ik drie weken van huis ben geweest. Mijn zoon keert zich al snel van mij af. 'Ieeeuw. Je stinkt.' Dat kan kloppen. Ik heb de hele nacht eindeloos overgegeven en mijn tanden nog niet gepoetst.

De Benelux is mijn speelveld voor mijn spirituele zoektocht. De wierook, de contante betalingen, de Boeddhabeeldjes, de kruidenthee – ik kan het allemaal uittekenen. Soms weet ik al bij binnenkomst dat deze dag verloren is. Maar vaak genoeg levert zo'n workshop of cursus wel iets op: een bevestiging van een vermoeden, of soms zelfs een nieuw inzicht.

De zoektocht neemt een steeds groter deel van mijn leven in beslag – werk is inmiddels bijzaak geworden. In mijn e-mailcorrespondentie met Jelte laat ik af en toe iets doorklinken van mijn activiteiten.

Jelte is een vriend met wie ik ofwel mail ofwel drink, beide in onbegrensde mate. Ik ken hem nog uit Nijmegen, van zo'n vijftien jaar geleden, toen we allebei aan ons proefschrift werkten. Jelte heeft een verzameling ex-vriendinnen en ex-vrouwen afkomstig van alle continenten. Het bewonderenswaardige aan hem is dat al die exen in zijn leven zijn gebleven. Bij zijn promotiefeest stonden minstens zes dames met zwarte lange haren bij zijn aanrecht. Ze bereidden fantastische maaltijden uit hun moederlanden Turkije, Chili, Italië, Iran en India. Speciaal gerecht voor Jelte. Daar houdt hij zo van. Ze liepen rond met de hapjes en wensten Jelte en zijn nieuwe vriendin het allerbeste. Mét Jelte ging niet. Maar je kan niet níet van hem houden.

Ik mail hem zeer beknopt over mijn recente bezoek aan sjamaan Antonio, en vertel over de hallucinaties. De healing laat ik geheel achterwege.

'Het plantaardige spul waarop jij tript is gewoon geclassificeerd als een harddrug. Maar belangrijker: wanneer gaan we drinken?'

Tja. Wanneer gaan we weer drinken? Ik zie er een beetje tegen op. Sinds dat uit de hand gelopen gesprek met Derk, met wie ik helemaal geen contact meer heb, ben ik behoedzamer geworden. Nu ik weet hoezeer een vleugje spiritualiteit het einde kan betekenen van een relatie opereer ik omzichtiger.

Hoewel ik bijna niets loslaat over zaken die me echt bezighouden, weet Jelte keer op keer op mijn ziel te trappen. Soms omdat ik net als bij die marinier zeg: 'Toe maar, sla maar, zeg maar, ik kan er heus tegen.' Waarna ik misselijk van de stoot in mijn maag in de touwen hang. Maar ook omdat Jelte, die enigszins op de hoogte is van mijn verkenningen in het alternatieve circuit, blijft zuigen en sarren.

'Betaalt jouw universiteit al die cursussen?' Zijn vraag is vol argwaan, niet alleen jegens mij maar vooral ook jegens instituten die misschien al zo ver zijn dat ze dit soort handopleggingen en waarzeggers vergoeden.

Ik kan hem geruststellen. Ik betaal alles zelf.

'Je bent gek. Weet je, al die andere vrouwen van jouw leeftijd, die slikken gewoon Prozac. Hou toch op met al die aardstralen en wichelroedes. Vraag je huisarts om antidepressiva.' En hij voegt eraan toe: 'Mannen gaan aan de motor, vrouwen gaan in de zweef. Ik heb gezworen dat ik nooit zo zou worden en ik had er gif op ingenomen dat jij nooit in de zweef zou raken. *Alas.*'

Op 1 april stuurt hij een linkje met wat hem betreft de

beste 1 aprilgrap. Ik klik op de link. Het is gezang 208: 'De Heer is waarlijk opgestaan.'

Hoewel ik niet in God geloof, vind ik het flauw om het opstaan van Jezus letterlijk op te vatten. Wat een minachting van al die gelovigen om te denken dat zij dat wél doen.

'Is voor jou dan niets heilig?' vraag ik per mail.

'Ik heb er goed over nagedacht. Het antwoord is nee.'

Soms schrijf ik dagen of weken niet terug na zo'n e-mail. Maar ik weet ook dat Jelte zegt wat ik zelf zou hebben gezegd, nog geen paar jaar geleden. Is hij ook niet mijn lijn naar het normale?

We besluiten weer samen te gaan drinken. Volgende maand. Om vier uur 's middags bij Melief Benders, een van de oudste en bruinste kroegen van Rotterdam. We zien elkaar een paar maal per jaar en dat is, gezien onze gezinsverplichtingen, werktijden en andere beperkingen, iedere keer een hele verworvenheid. Als die afspraak eenmaal staat, moet verder alles wijken. Onze ontmoetingen kennen twee constanten: drank en, tegen de tijd dat de laatste trein naar ofwel Nijmegen of Rotterdam vertrekt, een tamelijk melodramatische bevestiging van onze diepe verwantschap.

Vandaag is dus zo'n dag waar we allebei moeite voor hebben gedaan. Er is oppas thuis, ik heb een middag vrij genomen van het werk, en die hardlooptraining moet maar een andere keer ingehaald worden. Om vier uur drinken we ons eerste biertje. We praten over ons werk aan de universiteit. Er is altijd wel gedoe met uitgerangeerde hoogleraren, lastige studenten en collega's die zich drukken. We bestellen een tweede en een derde glas. We hoeven niet echt bij te praten, want we mailen regelmatig over de dingen die ons bezighouden. Maar e-mailen is een andere stiel dan face to face aan een tafeltje een gesprek voeren. We smeren ons samenzijn met meer bier. Ober, vul ze nog maar eens.

Jelte durft na een paar rondjes te vragen hoe dat nu zit met die zweverij van mij. Hij vindt het niet echt erg, maar jezus, het is wel een beetje raar. Ik geloof dat toch niet allemaal echt, die aardstralen en sterrenbeelden en God weet wat?

Ik antwoord dat ik het niet weet. Jelte zegt dat hij het allemaal prima vindt, zolang ik ook nog met hem over literatuur en kunst en wetenschap en relaties wil blijven filosoferen en dat ik niet een zweefteef word die in onbegrijpelijke en vooral lelijke taal de wereld aan elkaar brabbelt.

Ik vind dat hij me geen recht doet. Ik ben zo richtingloos dat ik alles aangrijp om erachter te komen hoe je goed kunt leven. Weet hij wel hoe radeloos ik soms kan zijn? Het leven heeft voor mij meestal geen enkele zin, ik voel zelden geluk of vervulling of blijdschap.

'Geniet een beetje van je tijd hier op aarde, wees goed voor je dierbaren en heb plezier. Moeilijker is het toch niet?' zegt Jelte opeens kwaad, met stemverheffing. Hij vindt dat ik mijn verstand aan het verliezen ben. Mediteren oké, maar mijn kritiekloze geloof in energiebanen en magnetisme of wat dan ook ('Ik wíl niet eens weten wat jij allemaal voor waar houdt.') stoort hem.

Ik voel me tekortgedaan. Voor mij is deze ontdekkingstocht belangrijk, al weet ik niet wat ik geloof en waar die zoektocht zal eindigen. Hij kan mijn queeste niet wegzetten als iets achterlijks. Daarmee minacht niet alleen mijn activiteiten maar ook mij. Ik heb dingen ervaren die zo bijzonder en geweldig zijn, daarover kán hij geen mening hebben omdat hij op geen enkele manier toegang heeft tot de grootsheid van die ervaring.

'Soms ken ik je niet meer.' Hij moet vaak op zijn tong bijten.

Ik begrijp zijn weerzin tegen spiritualiteit. Voor hem zijn chakra's, contemplatieve meditaties, kabouters, ruimtewezens allemaal van hetzelfde laken een pak en allemaal even verwerpelijk. Hij neemt stelling tegen de hele santenkraam.

Ik kan niet met dezelfde scherpte mijn nieuwe ervaringen verdedigen omdat ik zelf nog niet weet wat het voorstelt en wat ik wel en wat ik niet incorporeer in mijn levenshouding.

Alles schuift.

Continu.

Ik geloofde nooit in geesten tot mijn overleden moeder me raad gaf via een medium met zulke specifieke informatie dat niemand anders dat zou kunnen weten. Chakra's vond ik onzin, tot ik ze duidelijk voelde. Stenen zijn levenloos dus communiceren met stenen is te achterlijk voor woorden. Tot een steen mij het tegendeel bewees.

Zo gaat het de hele tijd. Als ik het denk te weten, heb ik weer een nieuwe ervaring die me een andere dimensie laat omarmen.

'Vanavond hebben we het er niet meer over, goed?' stel ik voor. 'Ik heb geen woorden voor wat ik heb gevonden en wat ik zou willen vinden. Mijn experimenten zijn te kwetsbaar en te belangrijk om als anekdote afgedaan te worden.'

Jelte neemt een slok en kijkt me aan. 'Geen geesten, geen verschijningen, geen energieën en chakra's, beloofd?'

Beloofd. Na een paar glazen wil Jelte naar een volgende kroeg. En weer een volgende. Drank wast onze fratsen weg. Natuurlijk houden we nog van elkaar. We kunnen het over successen hebben, over onze kinderen of boeken. Over een briljante PhD die hij begeleidt. Over een congres in India waar... We kunnen weer lachen en elkaar in de ogen kijken. Het is goed.

Gedurende deze kroegentocht, het zal tijdens een wandeling van kroeg nummer vier naar nummer vijf geweest zijn, zie ik opeens een bekende aan de bar zitten. Het is een Kaapverdiaanse man die ik een halfjaar geleden voor het eerst heb ontmoet. Sindsdien heb ik misschien niet alle dagen maar wel alle weken op deze man gewacht. Het liefst zou ik deze kroeg binnengaan om hem te spreken, maar uitgerekend vanavond kan dat niet. Jelte is speciaal voor mij uit Nijmegen naar Rotterdam gekomen. Mijn beste vriend kan ik niet zomaar laten vallen, alleen omdat ik deze Kaapverdiaan wil spreken. Ik zwaai naar de langverwachte man en hij zwaait terug.

'Wie is dat?' vraagt Jelte.

'Mijn engel,' antwoord ik.

Jelte lacht en we lopen verder. Hij weet niet dat ik de

waarheid spreek. Ik ontmoette mijn engel toen ik met mijn man op stap was. We zaten in een klein café, waar deze Kaapverdiaanse bejaarde man aan de bar alles even rustig als geamuseerd bekeek. Hij dronk zijn bier met kleine slokjes, niet als een alcoholist die zo snel mogelijk resultaat wil maar als een man die geniet. We raakten in gesprek met een dronken gewezen miljonair, althans, dat zei hij, die vertelde dat hij in het vreemdelingenlegioen had gevochten. Hij daagde de Kaapverdiaan uit, die hem alleen maar mild en wijs toeknikte. De miljonair liet onmiddellijk zijn agressieve toon varen. Hij vertelde nog wel meer, maar die dronkaard kon me niet boeien. De Kaapverdiaan wel. Zijn uitstraling had iets betoverends. Hij nam vanzelfsprekend de ruimte in, zelfverzekerd maar niet opdringerig. Als een aura een kwaliteit had zou die van hem uit mildheid bestaan. Hij oordeelde niet. Hij zag het aan en leek alles en iedereen te begrijpen. Alsof hij wist waar mensen vandaan kwamen, waarom ze nu deden wat ze deden, en wat hun nog wachtte. Zijn kantoortrui met geometrische figuren, zoals boekhouders op gemeentelijke kantoren dragen, verried niets van zijn levenservaring – die oneindig moest zijn. Met plezier voerde hij een gesprek met me, zonder ook maar een moment opdringerig te zijn. Hij was een man aan wie dingen toevielen. Hij hoefde niet na te jagen. Zijn rust, humor en mildheid intrigeerden me.

We hadden een gesprek over Rotterdam, over hoe het is met pensioen te zijn. 'Pensioen is fijn, maar het verandert niets essentieels in mijn leven.' Hij zei niet veel en ik vond zijn korte antwoorden betekenisvol. Toen mijn man en ik aanstalten maakten om naar huis te gaan, vroeg ik de Kaapverdiaan of we elkaar nog tegen zouden komen. 'Zeker,' antwoordde hij, zonder me te vragen naar mijn adres of naam of welke coördinaten dan ook die de kans op ontmoeting zouden kunnen vergroten. 'Wij gaan elkaar zien,' zei hij alleen maar, en ik wist dat dat zo was. Ik herkende deze man. Hij was mijn gids, mijn engel, mijn helper van gene zijde die me zou helpen met het zetten van stappen in de richting van of op mijn levenspad.

De dagen na deze ontmoeting werd mijn geloof in zijn speciale krachten alleen maar sterker. Ik wist dat hij mij zou leiden. Hij zou me iets laten zien. Hij zou me een vonk geven, een boodschap brengen. Zo gaat dat met mensen die op zoek zijn. Ik had net het boek van Joseph Campbell gelezen waarin de archetypische ingrediënten van een heldenreis staan beschreven. Iedere held ontmoet op een gegeven moment zijn helper, zijn gids. Ik had lang genoeg gedoold. Nu kreeg ik van gene zijde een duwtje in mijn rug. Mijn bestemming en de weg zouden voor altijd duidelijk zijn.

Ik wil hem graag spreken, hier en nu, maar het weerzien is kennelijk niet voor vandaag. Ik heb bezoek uit Nijmegen. Dag engel, tot de volgende keer.

Met Jelte bezoek ik kroeg zes en zeven. Onze gesprekken worden nu vermengd met belangrijke boodschappen van locals. Zo verzekert een man me dat hij een gevallen journalist is. Hij doet nu commerciële klussen voor een kopieermachinebedrijf. Een tandeloze kunstenaar probeert ondertussen etsen en tekeningen te verkopen. Aan de verkoopsessie wordt een einde gemaakt door een prachtige vrouwelijke dj in fiftiesoutfit. De hele avond bungelt er een sigaret in haar linkermondhoek, als was ze een fietsenmaker. Ze draait haar platen zo luid dat het gesprek met de kunstenaar wel beëindigd moet worden. Jazzmuziek vult het kleine café. Geen loungejazz of geremixt spul, maar hardcore oude jazz. Nu zijn Jelte en ik weer helemaal thuis, in de kroeg en bij elkaar.

Zo komt het dat Jelte verschrikt op zijn horloge kijkt. We hadden een moment geleden nog alle tijd, maar nu moeten we ons opeens toch nog haasten zodat hij de laatste trein naar Nijmegen kan halen. Halsoverkop verlaten we onze bubbel waarin alles precies klopt en rennen de wereld in. Op weg naar het station kijk ik weer door het raam waarachter ik mijn engel net nog heb gezien. Leeg. Weg. Mijn kans op nieuwe diepe inzichten is verkeken.

In een kroegje vlak bij het station staat de deur open. Jelte kijkt op zijn horloge en zegt dat hij nog wel tijd heeft voor een whisky. Eentje dan. We lopen gehaast het café binnen en duwen de dikke bordeauxrode fluwelen gordijnen opzij. Mijn hart maakt een sprongetje. Op de hoek van de bar wacht de Kaapverdiaan op me. Alweer!

Ik leg Jelte uit dat ik mijn engel móet spreken. Dit is een teken. Ik wil hem niet nogmaals voorbijlopen. Jelte hoeft alleen nog maar een straat uit en dan is hij bij het station. 'Lukt dat, Jelte?' Hij kijkt teleurgesteld. Het getuigt ook van slecht gastvrouwschap om hem alleen door de Rotterdamse nacht naar huis te sturen, maar hé, hier wacht een engel op mij. Voor de tweede keer vanavond.

'Jezus Willemijn, ik dacht dat het een grap was.' Hij

drinkt zijn glas in één teug leeg. 'Het is al goed, ik red me wel.' De panden van zijn beige regenjas zwaaien me wapperend gedag over de Westersingel. Hij kijkt niet meer om.

Ik schuif aan bij de bruine man met grijze krulletjes. Woordeloos proosten we. Ik laat de stilte de stilte. Ik wacht op een teken, een hint. Wat zal hij me laten zien wat ik nooit eerder zag? Ik ga zitten voor de wijze woorden van de oude ziel. Ik ben gespitst op alle mogelijke tekenen en verwijzingen.

De Kaapverdiaan glimlacht. Hij vraagt wat ik wil. Ik leg hem uit dat ik een vonk, een teken verwacht. 'Ik weet dat jij een lijntje naar boven hebt,' zeg ik en ik wijs naar de verlichting boven de bar. Hij kijkt me steeds verbaasder aan.

'Vertel maar wat,' zeg ik bemoedigend. Eindelijk. De Kaapverdiaan spreekt. Hij vindt me mooi. Heel mooi. En hij is blij om mij te zien. Mag hij zijn hand op mijn knie leggen?

Opeens zoenen we. Hij kust me voluit, zijn tong in mijn mond. Hij mist enkele kiezen.

Het is vrijdagavond en ik zoen met een man die met pensioen is en die zegt niets van tekens of richting te weten.

Ik ga weer rechtop op mijn barkruk zitten zonder om me heen te kijken. Ik wil niet weten of de barman en de bezoekers van de kroeg smalend of proestend de zoenpartij hebben gevolgd.

De Kaapverdiaan kijkt me aan. Alles lacht aan hem. Zijn ogen, zijn mond, zijn wangen, waar het lichtroze door zijn bruine huid heen glimt. Hij biedt me nog een drankje aan. Ik bedank. In verwarring neem ik afscheid van de milde wijze man die mij het licht zal laten zien.

De volgende dag mail ik Jelte. Ik verontschuldig me omdat ik hem niet naar de trein heb gebracht en ik schrijf hem over mijn ontgoocheling, over mijn idee-fixe dat die Kaapverdiaan mijn lijntje naar boven zou zijn.
Jelte antwoordt meteen.

> Dat je niet met me mee bent gelopen naar het station geeft me geen *bad shivers*. Eerder het idee dat je allengs wegzeilt naar sferen die ik niet kan en wil volgen en dat ik me daardoor – zoals in die twee cafés in West – genoodzaakt voel me te verdedigen voor die beide benen op de grond – een verdediging die ik niet eerder tegen goeie vrienden heb hoeven afsteken. Dat die Kaapverdiaan geen lijntje naar boven maar naar de horizontale dimensie is, wel, daarvoor heeft een mens niet veel mensenkennis nodig. Ik bedoel: zaterdagavond om negen uur in het café – het uur der desperaten.

Oké, ik heb me vergist. Ik dacht een teken uit de kosmos te ontvangen en ik had het mis. Misschien had ik het niet alleen deze maal fout. Misschien is mijn idee van energieën, engelen en chakra's louter gebaseerd op suggestie. Ik kan het niet uitsluiten.

Door deze vergissing met de Kaapverdiaan kan mijn twijfel over hoe de wereld in elkaar zit weer van voren af aan beginnen. Mijn basale aannames over wat zinvol, leuk en waar is zijn verbrijzeld. Ik heb geen enkele zekerheid. Noch voor mijn oude wereldbeeld, noch voor het alternatief.

Zolang ik elk gevoel voor richting of doel of sfeer ontbeer heb ik geen idee of al die therapieën, ceremonies, bijeenkomsten, meditaties me verder brengen, of alleen maar afleiden van een goed leven.

Wat ik wel weet is dat dit uitstapje belachelijk was. Hoe heb ik ooit kunnen denken dat dit waar was? Nog steeds stijgt het schaamrood me naar de kaken als ik aan deze avond denk. Ik beschik kennelijk niet over een innerlijk kompas voor wat deugt en wat belachelijk is. Ik ben een windvaan. Een hol vat. Een loser. Niets opgeschoten met al die zogenaamde zoekerij.

En nu we toch bezig zijn: ik heb alles zo oppervlakkig verkend. Een onsje sjamanisme, een snufje zenboeddhisme en doe ook maar wat paranormaals. Nergens een keer echt moeite voor doen, nee, als het saai of ingewikkeld wordt of even geen hallucinatie oplevert, hop ik naar een andere traditie.

Ik maak de balans op van mijn zoektocht. Mijn gezond verstand heb ik achter me gelaten; goede collega's en vrienden aan wie ik openhartig vertelde over mijn nieuwe belevenissen en inzichten ben ik kwijtgeraakt; vrienden tegenover wie ik weinig loslaat heb ik vervreemd van mezelf; mijn baan is nog erger dan voor de zoektocht. De hele onderneming heeft me bakken met geld en tijd gekost. En het ultieme doel, de zin of desnoods een beetje lol in mijn leven brengen, is net zomin in zicht als bij aanvang van deze ontdekkingsreis.

En dan nog iets.

Weinig is zo egocentrisch als de hele tijd maar bedenken wat er in me omgaat. Of dát zo uniek en interessant is. Als die navelstaarderij nu iets positiefs zou opleveren, een lichter gemoed bijvoorbeeld, dan is het nog te verdedigen. In mijn geval is er werkelijk niets wat mijn zoektocht billijkt. Het kost tijd, geld en het maakt me niet mooier of wijzer.

De volgende dag smijt ik een hele rij boeken met kleurige kaften en gotische letters in de papiercontainer.

Ik schaam me.

Ik schaam me dat ik zo ver heb kunnen afdrijven van mijn gezond verstand.

De priester

2013
Kosten: vrijwillige donaties voor cursussen en gesprekken

Mijn hond is uiterst tevreden over de nieuw ontwikkelde routine. Aanvankelijk mocht hij niet in onze slaapkamer komen, maar nu voel ik me geborgen wanneer hij me naar bed vergezelt. Hij staat al te kwispelen bij de trap als ik de kinderen naar school heb gebracht. Ik ga meteen door naar boven, kruip in bed en ga op mijn zij liggen. Op het bed draait hij rondjes naast me, net zo lang tot hij een plek heeft gevonden om zich op te krullen. Soms in mijn knieholte, soms aan mijn voeten, vaak tegen mijn buik. Ik voel zijn lauwe lichaam. Zijn gespierde nek is in onmogelijke hoeken gebogen, zijn poten zijn geknakt bij zijn knie- en enkelgewricht alsof ze onherstelbaar gebroken zijn – precies zoals Lucian Freud zijn whippets talloze keren heeft geschilderd. Met mijn hand op zijn gladde vacht sluimer ik weg. Zo liggen we vele uren. Ik moet de wekker zetten om de kinderen weer op tijd te kunnen halen voor de lunch. Met slaapkreukels in mijn wangen loop ik naar de school. Ik haal de kinderen op. Verzorg de lunch om vervolgens weer in bed te kruipen.

Ik kom uit bed om mijn plichten te vervullen. Mantelzorger is er een van. Samen met mijn man zorg ik voor mijn bejaarde alleenstaande oom in Amsterdam. Otto is zijn naam. Hem zonderling noemen is een understatement. Hij draagt oude, versleten kleding. De boord en de manchetten van zijn overhemd zijn binnenstebuiten gekeerd door een kleermaker. Zo gaat het hemd minstens een decennium mee. In zijn broek zitten slijtageplekken en de rits werkt niet meer goed. Hij draagt een vergeelde linnen tas met opdruk van de Openbare Bibliotheek op zijn buik. In een andere, kapotte tas heeft hij een regenbroek en een damasten servet gestopt – twee zaken die je altijd nodig kunt hebben. Als hij iets nuttigt in het café doet hij eerst zijn servet om, dat hij met miniwasknijpertjes die ooit werden gebruikt om kerstkaarten op te hangen aan zijn overhemd bevestigt. Dan pas drinkt hij zijn thee 'met hete melk graag' of eet hij zijn tosti met volkórenbrood – witbrood stuurt hij terug.

Hij is net als mijn vader geboren in Nederlands-Indië. Tijdens de Tweede Wereldoorlog werd het gezin geïnterneerd in een jappenkamp. Mijn grootvader werd gedwongen te werken aan de Birmaspoorweg. Mijn grootmoeder zat gevangen in een vrouwenkamp. Mijn vader en nog een zus en een babybroertje mochten bij hun moeder blijven. Maar mijn oom, net elf jaar, was te oud voor het vrouwenkamp en te jong voor het werk aan de Birmaspoorweg. Hij moest moederziel alleen naar een mannenkamp. Na de bevrijding is hij, weer alleen – de rest van het gezin bleef in Indië – naar Holland gegaan om de hbs te volgen.

Daar was het onderwijs nu eenmaal veel beter dan in het naoorlogse Indië.

Die eenzame levensgeschiedenis heeft haar sporen nagelaten. Hij knokt voor alle rechten die hij heeft of meent te hebben. Zo loopt hij dreigend met zijn wandelstok over Amsterdamse trottoirs. Een fietser die het lef heeft om fietsend op de stoep in de buurt van mijn oom te komen kan een kordate, vooral niet te zuinige klap met de wandelstok verwachten. Een ober die een dubbeltje te veel rekent wordt aangegeven bij de chef van de chef en vervolgens in de ban gedaan. Bij hem of haar zal mijn oom nooit meer afrekenen, de fraudeur.

Hij ziet elk detail, maar kan het geheel niet overzien. Zijn kamertje (waarin net plaats is voor een bed, een bureau en een kitchenette) is volgestouwd met stapels oude kranten, ANWB-Kampioenen, Consumentengidsen. Alleen een paadje van zijn bed naar zijn bureau is vrijgehouden. Tegen de muur staan dozen gestapeld. Daarin zitten kassabonnen. Op de bovenste doos lees ik 'Albert Heijn, 2007'. Als het warm is vraagt hij mij om zijn rieten hoed te pakken. 'Die ik in 1957 in Italië heb gekocht, je weet wel.'

Otto is even intelligent als onmogelijk. Vaak heeft hij gelijk, en nog vaker is dat heel onpraktisch, op zijn minst. Hij kan alleen vanuit zichzelf redeneren. Luisteren of meevoelen lukt niet. Toen we dachten dat hij tekenen van dementie vertoonde en we hem lieten testen door een psychiater, bleek dat hij zo helder was als een zestigjarige, en dat hij nogal extreem scoort op het autismespectrum. Otto houdt geen rekening met anderen omdat hij dat gewoonweg niet kán.

Aan de lopende band beledigt hij vrouwen, mannen, kinderen, bevolkingsgroepen en beroepen als hij vooroordelen, statistieken of wetmatigheden toepast op een individu. Duitsers zijn stipt en grondig, mensen uit het Caribisch gebied zijn lui, Chinezen zijn ijverig, Nederlandse kinderen worden gepamperd. De lijst van vermeende voorgeprogrammeerde eigenschappen is eindeloos.

'*A man easy to hate*,' merkte Jelte op over hem.

Mijn oom is gebrouilleerd met iedereen, ook met mijn vader, mijn broer, mijn tante en de rest van de familie. Toen hij na een val drie dagen zonder eten en drinken in zijn appartement had gelegen en uiteindelijk dankzij buren in het ziekenhuis belandde – verzwakt en uitgedroogd – werd ik gebeld. Wat ze met hem aan moesten. Hij had mijn naam genoemd. Toen ik hem bezocht in het ziekenhuis was hij woest. Waarom hadden de buren het lef gehad om hem zogenaamd te redden? Had hij daarom gevraagd? Niets minder dan inbraak, om zomaar zijn appartement te betreden! Waren er sporen van braak? Wie ging dat betalen? Waarom was hij aan het infuus gelegd? Had ik dat toegestaan? Had hem toch lekker laten doodgaan! Dáár gaat Nederland kapot aan, aan al die oude sokken in leven houden!

Zo kwam oom Otto in ons leven.

Oom Otto weet zijn dankbaarheid, als die er al is, ook deze middag weer uitstekend te verbergen. Achtereenvolgens heeft hij commentaar op mijn kleding (alweer iets nieuws en totaal niet praktisch), op mijn gewicht (ik ben veel te dik, let ik dan niet op mijn gezondheid, geen discipline), op de frequentie van mijn bezoekjes aan hem (veel te laag), aan mijn communicatie (heel onduidelijk), op mijn kennis van zaken (je moet niet spreken over zaken waar je geen verstand van hebt), op mijn kinderen (te veel gepamperd) en op mijn reisroute.

'Wat is de reden dat u vindt dat ik anders had moeten reizen, oom Otto?' vraag ik.

'Als je was uitgestapt op Zuid, was je hier een kwartier eerder geweest. Dan had je een kwartier langer voor mij gehad. Want je zult ook wel weer op tijd weg moeten.'

Ik glimlach. Dit is het grootste compliment dat ik vandaag kan verwachten.

Het was, zoals altijd, een lange, lange middag bij oom Otto. Het is al avond als ik terugreis per trein. De kinderen en R. hebben vast al gegeten. Bij station Rotterdam Zuid druk ik op de knop van de treindeur. Ik ben de enige die hier uitstapt. Het perron is armoedig verlicht. Het meubilair is verouderd en de glazen pui die ons moet beschermen tegen nattigheid en koude is aan diggelen geslagen. Boven aan de stationstrap staan een paar Antilliaanse jongens te blowen. Overdag merk ik hen niet eens op, maar nu gaat er opeens een dreiging uit van de aanwezigheid van een paar tieners.

Ik loop vanaf het station naar huis. Deze straat is mogelijk het lelijkste stukje van Rotterdam. Frietbakjes schuiven tussen papierresten en sigarettenverpakkingen over straat. Midden op de stoep staan een bankstel, een magnetron en ander grofvuil, alsof iemands inboedel integraal van het kleine balkonnetje met fleurige gele spijlen naar beneden is geflikkerd. Bij de ingang van de portieken liggen verregende bundels reclamefolders. Uit een van de huizen klinkt luide muziek. Ik loop gehaast verder met mijn handen in de zakken van mijn jas.

Opeens is er een heldere stem in mijn hoofd.

'Je kunt er niet uit vallen.'

Het lijdt geen twijfel: die stem klonk in mijn hoofd. Of preciezer: de stem was in mijn schedel. Maar het was niet mijn voortbrengsel. Het was in mij, maar niet door mij of van mij.

Ik stop met lopen. Ik zou meer willen horen. Nog eens willen horen. Ik probeer me leeg te maken opdat ik nog iets zal horen, misschien een echo, misschien een resonantie. Mijn pogingen halen niets uit.

Wel voel ik warmte, geborgenheid, zachtheid. Opwinding ook: ik hoorde een stem!

Of nee, er was een stem.

Of nee, ik vóelde troost.

Of nee, ik werd gevuld met troost.

Ik hunker naar meer. Meer van deze liefde, want dat is het óók. Hoe ik ook mijn best doe, er is alleen maar stilte.

Ik ben vlak bij huis en ik loop naar onze voordeur. Terwijl ik de sleutel in het slot steek, zie ik door het raam naast de deur dat onze kinderen vechten. R. haalt ze met enige fysieke inspanning uit elkaar. Ik sta in de hal, maar door het geduw en getrek merken ze me nauwelijks op, alleen de hond komt kwispelend naar me toe. De kinderen hebben het te druk met afkoelen en R. heeft al zijn aandacht nodig om ze uit elkaar te houden. Ik kijk naar het tafereel maar ben met mijn hoofd nog bij de troostende stem.

De ruzie is snel vergeten en alsof dat vechtpartijtje niet een halfuur geleden heeft plaatsgevonden leggen we de kinderen in harmonie te slapen. In alle gezinslogistiek heb ik R. nog niets verteld over mijn ervaring met de stem die me troostte.

Na de bedrituelen gaat R. op pad. Ik ben alleen en ga weer terug naar de stem. Ik probeer me het timbre, de intonatie of de tongval te herinneren. Ik besef nu pas dat er geen sprake was van zulke kenmerken waarmee een stemgeluid normaal gesproken gepaard gaat: ik heb een stem gehoord die ik niet heb gehoord.

De troostende werking is er niet minder om.

Ik kan er niet uit vallen.

Omdat mijn man niet thuis is kan ik mijn opwinding met niemand delen. Deze boodschap laat zich moeilijk in een telefoongesprek proppen. Ik ken ook niemand aan wie ik het zou kunnen mailen. Ik wil nu volop genieten van mijn recente ervaring, zonder dat ik me indek of ga twijfelen.

Dus zit ik nog een tijdje alleen op de bank.

'Ik kan er niet uit vallen,' fluister ik nog eens, en nog eens, en voordat ik ga slapen.

Net als de andere keren spreek ik met niemand over deze ervaring, zelfs niet met mijn man. Ik weet hoe groots en overrompelend het was en ik weet ook dat van degenen aan wie ik het zou kunnen of willen vertellen niemand dit van mij zou aannemen.

Ondertussen ben ik wel in de ban van deze recente ervaring. Hoe kan ik een stem horen waarvan ik zeker weet dat-ie er was, en waarvan ik ook zeker weet dat ík het niet was? Het laat me geen moment los.

Ik wil voorkomen dat ik weer tongend met een pensioengerechtigde op een barkruk beland. Nu zoek ik iets gegronds, iets met boeken en theorie en experts die de juiste kennis hebben om te begrijpen wat me is overkomen.

Via mijn eerdere omzwervingen in de literatuur rondom mijn eenheidservaring was ik al bekend met enige mystieke teksten en auteurs. Destijds las ik al dat het in de mystiek gaat over persoonlijke ontmoetingen met het goddelijke, het universum, met God. Mystiek als het hartstochtelijk streven naar een persoonlijke vereniging van de ziel met God. Ik leerde ook dat, net zoals er dogmatische overtuigingen zijn binnen elke religie, ieder geloof zijn eigen mystieke richting kent: er is een joodse, een katholieke, een islamitische, een protestantse mystiek en zo verder.

Binnen al die stromingen en in alle eeuwen zijn er grootheden die geprobeerd hebben hun ervaringen in woorden of beelden te vatten. Rumi is een reus binnen de islamitische mystiek (het soefisme) en binnen de christelijke mystiek wordt Franciscus vaak aangehaald, maar ook Jan van Ruusbroec, Hadewych en Hildegard von Bingen. Het zijn namen die ik vaag ken. Er blijkt zelfs wetenschappelijk onderzoek naar mystiek te zijn, al is de relatie tussen rationalisme – basis van de wetenschap – en mystiek niet onproblematisch. Wikipedia besteedt er zelfs een lemma aan:

De mystiek staat vaak op gespannen voet met op rationalistische wijze verworven kennis. De oorzaak hiervan ligt in het intrinsieke subjectieve karakter van de mystieke ervaring. Het probleem, vanuit rationalistisch perspectief, is dat mystieke kennis niet geverifieerd kan worden. Mystieke kennis is aldus zeer persoonlijk, maar niet per definitie onware kennis.

Persoonlijk, maar niet per definitie onwaar. Dat lijkt me een goed begin van mijn hernieuwde zoektocht.

Bij mijn verkenning in de mystiek herken ik het meest in wat de Rijnlandse mystiek blijkt te heten: mystici uit het middeleeuwse christendom. Zij gebruiken een beeldtaal die mij meer aanspreekt dan de beschrijvingen door mystici van andere tijden en uit andere windstreken.

Bij mijn zelfstudie in de mystiek stuit ik op Meister Eckhart. Deze middeleeuwse dominicaan uit de dertiende eeuw is blijkbaar en vogue, gezien de eindeloze stroom recente publicaties van filosofen, theologen, boeddhisten, historici en publicisten die over hem zijn verschenen. Kennelijk vinden ook serieuze, hoogopgeleide mensen de leer van Eckhart intrigerend. Dat stelt me gerust. Er is dus een cognitieve ingang naar mystiek. Ik probeer zijn werken te lezen.

'Ik bid God iedere dag mij van God te verlossen,' zegt hij in een van zijn preken. Wat ik ervan begrijp, en dat is niet zoveel, is dat Eckhart God in ieder geval niet ziet als een soort mensachtige entiteit die met zijn toverstaf zwaait en vervolgens straf en snoep uitdeelt. Hoe hij God wél ziet kan ik nog niet doorgronden. Veel leegte en afgrond, lees ik.

Als ik probeer na te vertellen wat de geleerden nu eigenlijk zeggen over Eckhart, kan ik het niet reproduceren. Óf deze auteurs zijn te slim voor mij, óf ze gebruiken wel erg veel woorden om te verhullen dat zij de kern niet hebben begrepen. Uit ervaring, door mijn carrière in de wetenschap, weet ik dat het meestal het laatste is.

Ik voel al vrij snel aan dat ik het geheim van Eckhart, zo het er is, niet op eigen kracht kan blootleggen. Het is een nieuwe taal, een compleet nieuw denksysteem en ik heb iemand nodig die me inwijdt in deze onbekende wereld. Ik zoek op internet wie er in Nederland betrouwbare expertise heeft over Eckhart. In Rotterdam worden cursussen gegeven door een dominicaner priester.

De cursus vindt plaats in de sacristie van de kloosterkerk, tegenover de McDonald's in het centrum van Rotterdam. Pater Tycho heeft de leiding in dit geïmproviseerde klaslokaal, waar vier kantoortafels tegen elkaar aan zijn geschoven. In de sacristie is sinds de jaren tachtig niets meer veranderd: de doorgezakte boekenkasten, de bordeauxrode stoelen met vlekken en rafels, de spiegel met een roestige rand. Daarnaast hangt een onooglijk zakkammetje – de tanden in het midden wijken uiteen en laten voldoende ruime voor de spijker waarop het ding balanceert. In een grote kast van triplex liggen alle benodigdheden om de mis te kunnen houden. Een paar glimmende stoffen in felpaars, rood en warmgeel piepen tussen de deur en de randen van de kast uit. Het is net een enorme verkleedkist. Pater Tycho volgt mijn blik. 'Dat is van de Ethiopische gemeenschap. Die kerkt hier op woensdagen.'

Ik knik alsof ik dit wel had gedacht.

Pater Tycho is een rijzige man van rond de tachtig. Zijn grijze dunnende haren hebben nog steeds een rossige glans. De moeite waarmee hij soms opstaat verraadt zijn leeftijd, maar zijn felheid is die van een man in de kracht van zijn leven. Hij articuleert duidelijk en praat met luide stem, alsof hij de hele dag een volle kerk moet toespreken. Hij heeft citaten uit de Bijbel, de literatuur, de kerkgeschiedenis en gedichten paraat – hij is nog van de generatie die geen Google nodig heeft.

Het ruikt bedompt en muf in de sacristie. Ik sluit niet uit dat de schimmel vanavond nog, als een kolonie mieren, langs de tafelpoten omhoog zal kruipen. Snel zullen de schimmelsporen ervoor zorgen dat ook de laatste resten van het vermolmde instituut van de katholieke kerk netjes worden opgeruimd. Met moeite roep ik mijn vileine gedachtegang een halt toe – ik ben hier immers te gast en ik ben hier uit vrije wil.

De verwarming loeit. 'Ha lekker, die staat tenminste aan,' zegt een van de deelnemers. Meer dan de helft van de aanwezigen bestaat uit ouderen en er zijn ook enkele hoogbejaarden. Het inschenken van thee en koffie en het plaatsnemen duurt een eeuwigheid.

Zorgvuldigheid boven haast. Zo begint de avond en zo zal het de gehele cursus zijn. Als iemand een vraag stelt of een opmerking maakt, wordt die nauwgezet behandeld.

Niemand twijfelt of het klopt, en of het waar is en zelfs of het relevant is. De vragensteller zal een goede reden voor de interventie hebben. Er is geen bewijslast. Impressiemanagement ontbreekt. In alle rust, met aandacht en zorg, wordt het onderwerp besproken.

Deze gesprekstechniek is nieuw voor mij. Als student was ik tot driemaal toe finalist in de debatwedstrijd van de universiteit. Tot op de dag van vandaag ben ik er trots op dat ik won van een sterhoogleraar rechten, Tijn Kortmann, en 's lands meest vermaarde Nietzsche-kenner en hoogleraar filosofie, Paul van Tongeren. De laatste sprak ik na afloop aan. Hij me deed denken aan Derek de Lint, maar, zei ik, dat had hij vast vaker gehoord. Waarop de hoogleraar zei: 'Die filosoof is mij onbekend. Wat heeft hij geschreven?'

Ik voel me als een vis in het water bij het debatteren. Ik kan snel pareren, weet iemands zwakke punt te vinden en kan dan genadeloos fileren. Hyperbolen zijn mijn favoriete stijlmiddel.

Dan hier, in de sacristie. Hier is rust, nog eens vragen en toetsen of de ander goed is begrepen. Regelmatig zegt iemand: 'Zo had ik het nog niet gezien. Dankjewel.' Mijn debatkillersinstinct is een rudimentair aanhangsel geworden.

Pater Tycho deelt de mystiek in twee categorieën in, te weten de liefdesmystiek en de wezensmystiek. Dat is alvast een herkenbare structuur voor mij. We beginnen met de eerste. Pater Tycho leest het zevende visioen van Hadewych, een mystica uit de dertiende eeuw.

Op Pinksteren bij dageraad zag ik een visioen, toen men de metten zong in de kerken en ik daar was. En mijn hart en mijn aderen en al mijn ledematen schudden en beefden van begeerten. En het verging mij zoals het vaak is geweest, zo verwoed en vreselijk was het mij te moede dat ik dacht, dat als ik mijn lief niet genoeg beminde en mijn lief mij niet bevredigde, ik smachtend zou ten onder gaan en van opwinding sterven. Ik was toen zo vreselijk ontdaan van de begeerlijke minne...

Toen het me dus vreselijk te moede was, zag ik van het altaar een grote arend naar me toe komen vliegen, die zei tegen mij: 'Wil je een worden, bereid je dan voor.' En mijn hart ging vreselijk tekeer. En de arend keerde zich om en sprak: 'Rechtvaardige en machtige Heer, toon nu uw machtige kracht om iemand in uw enigheid op te nemen en uzelf te genieten.'

Toen gaf hij zich aan mij in de vorm van het sacrament, en daarna gaf hij mij te drinken uit de kelk. Daarna kwam hijzelf bij mij en nam mij helemaal in zijn armen en drukte mij tegen zich aan; en al mijn ledematen voelden de zijne in al hun genot, zoveel als mijn hart begeerde en menselijk mogelijk was. Toen werden mijn zinnen intens bevredigd...

Maar even nadien verloor ik de gedaante van de mooie man uit het oog en ik zag hem verdwijnen in het niets en hij leek op te lossen en weg te smelten, zodat ik buiten mij niets meer kon horen of zien en hem binnen mij niet van mezelf kon onderscheiden. Dit was al in zien, in smaken, in voelen, zoals wanneer men het sacrament ontvangt, in zinnelijk zien en voelen, zoals de ene geliefde de andere ontvangt in intens genot van zien en horen, van volledig opgaan in elkaar. Daarna bleef ik opgaan in mijn lief, zodat ik helemaal met hem versmolt, en boven mezelf uitsteeg. En ik werd verheven en opgenomen in de geest.

Dit is softporno!

Hoewel mijn gewaarwordingen van een andere orde waren, voel ik me verwant met Hadewych. Mijn ervaringen waren niet erotisch, maar in dezelfde mate overrompelend. Ook dat persoonlijke herken ik: het is niet zomaar een speaker in een stadion. Nee, het is een boodschap, een zin, heel specifiek voor mij en voor mij alleen.

Mijn brein is deze avond een flipperkast. Door één associatie wordt het stalen balletje naar een andere uithoek in mijn geest geschoten en door de aanraking met die gedachte ontstaat weer een nieuwe reeks associaties. Ting ting ting, gaat het in mijn hoofd, als de bal weer een nieuw inzicht raakt. In een flipperkast is de richting van de bal onvoorspelbaar en of de bal vooruitgaat is een zinloze vraag. We lezen over een mystieke ervaring waarin God als de wind kracht blaast, leven blaast, de adem van God. Wat ik helemaal niet wist is dat in de mystiek God meermaals wordt aangeroepen als Ruach, wat adem, wind betekent. Die keer dat ik de wind als persoonlijke boodschap en boodschapper voelde is dus niet onbekend in de mystiek! Ik moet oppassen niet op tilt te slaan. Ting ting ting.

Er borrelt een nieuwe emotie op. Opeens ben ik trots dat ook mij zo'n ervaring is toegevallen. Hadewych, Hildegard von Bingen en Willemijn Dicke... Ik heb in mindere rijtjes gestaan.

Ik stop deze aanmatigende gedachte. Het is pedant en ongeïnformeerd om zoiets ook maar te denken. Onproductief ook.

Maar toch, het is wél zo. Ik heb zulke bijzondere ervaringen gehad. Misschien, heel misschien zegt dat ook wel iets over mij en wat het universum nog voor mij in petto heeft.

Stop. Dit is ongeletterde hoogmoed.

Na afloop deelt pater Tycho een gestencild boekje uit, zonder noemenswaardige kantlijn en in lettergrootte veertien: *Mystiek op straatniveau*. Een van de deelnemers, een fragiele zwarte dame die haar gebreide muts heeft opgehouden en die de hele avond nog niets heeft gezegd, heeft geen boekje nodig. Pater Tycho vraagt haar waarom ze geen exemplaar wil.

'Ik kan niet lezen,' zegt ze, in gebrekkig Nederlands.

'Aha. Vond u de avond de moeite waard?'

'Ik denk niet dat ik alles begrijp. Maar het is zo fijn om hier te zijn.'

'Heel graag tot volgende week!' zegt pater Tycho.

Ik, die normaal gesproken tussen hoogleraren en de slimste studenten zit, volg nu een cursus waar mijn diploma's van nul en generlei waarde zijn. Ik ben een beginner, net als de anderen.

De volgende week, zelfde plaats, zelfde tijd. Pater Tycho vertelt.

'Als mensen aan mij vragen "Geloof jij in God?", antwoord ik: "Dat zou ik bij God niet weten." Het hangt namelijk helemaal af van het godsbeeld van de vragensteller. En het kan heel goed zijn dat ik minder gemeen heb met het godsbeeld van de vragensteller dan met de notie van liefde of dankbaarheid van een atheïst.'

In de loop van de avond worden zijn konen roder. Hij spreekt met een begeestering alsof hij het zelf voor het eerst meemaakt. We hoppen van een vakantie van hem in Griekenland naar het leven van Mechthild von Magdeburg, en dan weer naar een Disneyfilm. Het college, want er zit zeker lijn in zijn toegankelijke betoog, wordt vervolgd. Hij leest een psalm voor, vertelt het ongelooflijke levensverhaal van Marguerite van Porete – de leermeester van Meister Eckhart – en besluit met een gedicht van Richard Schuagt:

> Er is vandaag weer veel meer dan er is,
> Maar wat het is, ik kan het je niet zeggen,
> Er is geen uitleg voor, niets dan dit inzicht
> In een temeer,
> Een oeroud veel te veel.
> Zie ik het niet, ik zie het als tekort.
> En houdt het op, ik voel het als gemis.
> Meer weet ik niet, meer kan ik je niet zeggen.
> En die het weten die vertrouw ik niet.

Gedurende de hele avond valt het woord God nauwelijks. Het gaat over liefde, over leegte, over de afgrond, over het fundamentele niet-weten, over hoe wij waarnemen, over goeddoen, over stilte, over twijfel, over hoe je hart te volgen. Deze omarming van het niet-weten is niets minder dan een openbaring voor mij: als dit óók geloven is...

Als jongste aanwezige voel ik me na afloop verplicht om te helpen met het terugschuiven van de tafels. Daardoor ben ik een van de laatsten die vertrekt.

'Hoe was het voor jou? Dit is jouw eerste cursus hier, als ik het goed heb?' vraagt pater Tycho.

'Het was interessant. Ik geloof dat ik iets herkende, vorige week en ook deze week,' zeg ik.

'Kun je vertellen wat jou bekend voorkwam?'

'De mystieke ervaringen. Niet precies zo, maar wel vergelijkbaar. Nou ja, denk ik. Misschien.' Ik ben bang om als opschepper gezien te worden.

'Aha. Dat is interessant.'

'Zou ik daar misschien een keer met u over mogen praten?'

Dit was ik helemaal niet van plan, en nu heb ik het al uitgesproken.

We maken een afspraak voor een pastoraal gesprek, een term die me benauwt, maar pater Tycho stelt me gerust. Dat ik Nederlands Hervormd ben gedoopt is geen belemmering voor een dergelijk gesprek, en ik hoef niet bij het kruisje te tekenen voor inschrijving in de katholieke kerk.

Een paar dagen later bel ik aan bij het klooster. Op het paneel met de deurbellen zijn vijf van de twaalf namen slordig verwijderd, de resten van de oorspronkelijke letters zijn nog zichtbaar – de vergrijzing van de katholieke kerk is tot weggekraste namen bij deurbellen teruggebracht. Alle namen hebben o.p. achter hun naam, *Ordo Predicatorum*, oftewel de dominicanen, Orde der Predikers.

'Ik moet nog even wat afmaken, loop maar mee.' Pater Tycho gaat me voor door een gangetje met versleten marmoleum en loopt een kleine kamer binnen. Daar pakt hij een zwart letterbord met richels. Zwijgend priegelt hij witte cijfers en letters op het bord. Het zijn de lezingen en psalmen voor de mis van de volgende dag. Hij bergt het doosje met de lettertjes zorgvuldig op, zet het letterbord alvast klaar voor morgen. Dan loop ik achter hem aan door de kloostergang, de trap op.

Zijn kleine kamer is een replica van een studentenkamer van een herendispuut in Nijmegen waar ik vroeger graag kwam, honderd jaar geleden, bij jongens die beter konden denken en praten dan flirten. Op het bijzettafeltje naast een massieve fauteuil met een versleten zitting liggen lucifers en een doosje Agio-sigaren. De winkelstraat met de McDonald's is opeens heel ver weg.

'Zo. Eerst een kaarsje aansteken. Opdat het licht op ons gesprek mag schijnen.'

Hij laat me vertellen. Maant me meermaals tot rust. We hebben geen haast en we hoeven nergens naartoe. Ik vertel over mijn ervaring in De Esch en ook over de stem. Hij stelt feitelijke vragen. Wat hoorde ik, wat zag ik, had ik nog bewustzijn van mezelf? Hij kijkt nooit op zijn horloge. Voor het eerst heb ik het idee dat iemand begrijpt hoe indrukwekkend en ook huiveringwekkend de ervaringen waren.

'Die eenheidservaring, de stem, de wind en zelfs mijn

sjamanennaam... Het was alsof het universum wist wie ik was. Het was aan mij persoonlijk gericht – wat dat "het" dan ook moge zijn.'

Pater Tycho knikt en zegt dat dit vaker is beschreven. Vertel maar. Vertel maar. Dus vertel ik dat ik sinds De Esch op zoek ben. Ik wil dichter bij die andere werkelijkheid komen, het nogmaals meemaken, het geheim ontrafelen. De sjamaan, de NLP'er, de hallucinerende drankjes en meer komen voorbij. We praten minstens twee uur. Sommige opmerkingen van pater Tycho vergeet ik meteen, andere vallen op vruchtbare bodem.

'Jij denkt dat jouw heilige graal het nogmaals beleven van zo'n eenheidservaring is. Maar misschien is jouw heilige graal niet een nieuwe eenheidservaring, maar het niet-zoeken.'

'Zo'n mystieke ervaring kun je zien als slagroom. Heel erg lekker. Maar louter en alleen op slagroom kun je niet leven, Willemijn. Je hebt ook een bruine boterham nodig.'

'Ik zie God... Misschien moet ik even stoppen hier. Ik geloof dat jij liever een andere naam gebruikt. Welke naam gebruik jij?'

Ik haal mijn schouders op, pers mijn lippen samen en trek mijn wenkbrauwen op, ter verontschuldiging dat het nooit in me is opgekomen om op zoek te gaan naar een naam. Ik zeg niet veel deze middag en áls ik iets zeg moet ik lang nadenken. De woorden die ik zoek om een nuance uit te drukken zijn óf niet aanwezig in mijn repertoire, óf heel ver weggestopt.

Pater Tycho gaat door.

'Zonder naam kun je iemand niet roepen, kun je geen

band opbouwen. Zo is het ook in onze relatie tot God. Wij mensen hebben het nodig om een naam te geven, hoe beperkt en beperkend die naam ook is. Ik kan God zeggen, maar ik vermoed dat die naam jou afschrikt.'

Ik knik.

'Denk er maar eens rustig over na. Een vriendin van mij zei "Godelieve", anderen zeggen "Vader", of "Mama" of "Genade"... Jij alleen weet wat een goede naam is.'

Ik geloof niet dat ik al toe ben aan naamgeving en houd me stil. Pater Tycho gaat verder met zijn reactie op mijn ontboezemingen.

'Ik zie God als een onderaardse rivier. Er bestaan heel veel putten, ieder gemaakt van ander materiaal en met een eigen vorm. Er is een enorme diversiteit aan putten. Echter, de smaak van het water is dezelfde.'

Aan de stiltes die hij goed getimed laat vallen herken ik de meesterverteller, de priester in de volle kerk.

'Nu ga ik iets zeggen wat jij niet zo leuk zult vinden, Willemijn. Om bij het water te geraken is het noodzakelijk dat je je toewijdt aan een van die putten. Je moet één zo'n put grondig verkennen – en het maakt niet zoveel uit welke put dat is. Wat jij de afgelopen tijd hebt gedaan is van de ene naar de andere put hoppen voordat je de onderaardse rivier hebt bereikt.'

'Er waren altijd redenen om met die ene put te stoppen en een volgende te proberen,' zeg ik.

'Vertel.'

'Verveling. Het uitblijven van een spectaculaire ervaring of van überhaupt een ervaring. De twijfel of ik wel wat opschoot. Of dat ik zelfs een verkeerde afslag had genomen waardoor ik feitelijk achteruitging. Nóg grotere twijfel, over de zin van mijn hele zoektocht. En nog nog nóg grotere twijfel, of mijn vermoeden over die zogenaamde ándere werkelijkheid, het geheim van mijn mystieke ervaring, misschien een idee-fixe is en dat er alsnog wetenschappelijke, neurologische verklaringen zijn voor wat ik heb meegemaakt.'

'Dit zijn heel bekende fasen en dilemma's in de spirituele zoektocht, Willemijn. Daar kunnen we het allemaal over hebben. Geen spirituele weg zonder twijfel. Herinner je nog dat mooie gedicht van Schuagt? "En die het weten die vertrouw ik niet." Met jouw twijfel is niets mis. Maar voor nu lijkt me die verveling, of je ongeduld over het uitblijven van nieuwe mystieke ervaringen, de grootste hinderpaal voor jou. Kijk de verveling aan. Zit het uit.'

'Ik wil door! Ik wil het geheim leren kennen. Ik heb even gevoeld hoe het is om zo licht te zijn. Als ik daar toch eens een beetje van mee kon nemen in mijn dagelijkse leven, dat ik weer met een beetje plezier in het leven kon staan. Het gaat me allemaal te langzaam.'

'Die gretigheid is zeker ook jouw kracht. Voor nu wil ik je vragen om een pas op de plaats te maken, en te onderzoeken waarom je je verveelt.'

Hij vraagt me of ik vrienden heb met wie ik mijn ervaringen kan delen. Ik schud van nee.

'Weet je dat zeker?'

Ik denk na. Misschien dat Tanya, de moeder van een vriendje van mijn kinderen, me zou kunnen begrijpen.

'Tast eens af in een gesprek met haar. Misschien klikt het. Wij mensen zijn in de kern relationele wezens, Willemijn. Probeer aansluiting te zoeken en te houden.'

Pater Tycho legt zijn handen op zijn bovenbenen en kijkt me aan.

'Was dit voldoende voor het eerste gesprek?' vraagt hij.

'Eigenlijk wilde ik je nog iets vragen.' In de loop van de middag ben ik hem gaan tutoyeren. Ik, vrouw van vierenveertig, die haar moeder heeft begraven, die voor volle zalen heeft gesproken, boeken heeft gepubliceerd, kinderen heeft gebaard, zit hier te blozen op een studentikoos kamertje bij een priester.

'Ik wil vragen of ik jouw leerling mag worden.'

Pater Tycho knikt. 'En dat vraag je ondanks het feit dat ik zei dat het nu tijd is voor jou om één put grondig te verkennen?'

'Niet ondanks, maar omdát,' zeg ik.

'Dat doe ik graag, Willemijn. Dankjewel voor jouw vertrouwen.'

Als we de trap in het klooster af lopen, krijg ik een stevige klap tussen mijn schouderbladen. 'Dappere dodo!' lacht pater Tycho.

In de volgende gesprekken, die we zo eens in de maand voeren, wen ik langzaam aan het woord God. Als pater Tycho het uitspreekt, weet ik dat hij ook Liefde of Mededogen zou kunnen zeggen. Ik kan het woord niet zelf in de mond nemen. Als het niet te omzeilen valt, heb ik het over 'universum': 'Het universum had kennelijk andere plannen met mij.'

Parallel aan de cursussen 'Mystiek op straatniveau' en

mijn gesprekken met Tycho ga ik colleges volgen aan de theologische faculteit in Tilburg. Ik schrik me rot van de orthodoxie in de officiële uitleg van de teksten en ook van de volgzaamheid van de studenten. Kennelijk heb ik met pater Tycho een bijzondere en zeer vrijzinnige geest binnen de rooms-katholieke kerk getroffen. Ik maak de leergang niet af – zoals de docenten en studenten daar de Bijbel en God zien, dat staat mijlenver van mij af.

Ik besluit mijn eigen curriculum te volgen en ik studeer harder dan ik ooit als fulltimestudent heb gedaan. Ik beland via boeken over mystieke stromingen in het christendom bij de gnostiek, de traditie die de teksten van het vroege christendom als leidraad heeft. De boodschap in deze teksten werd in de vierde eeuw zo revolutionair geacht dat de officiële kerk deze boeken heeft verboden. Monniken hebben de teksten verstopt en pas in 1945 zijn deze teksten als de Dode Zee-rollen weer gevonden.

Ik lees met gretigheid en plezier het complete werk van de gnostiekkenner Bram Moerland. Een belangrijk verschil tussen het hedendaags christendom en de gnostiek is de rol van mystiek. Waar het hedendaags christendom zich richt op het officiële geloof is binnen de gnostiek de innerlijke weg leidend. Gnostici menen dat God in de harten van de mensen aanwezig is in de vorm van liefde, als de godsvonk. Eigenlijk weet iedereen dat die liefde er is. Maar soms vertroebelt ons zicht. De gnostische traditie helpt om dat vlammetje weer in onszelf te voelen gloeien.

Ik lees, in de annotatie van Bram Moerland, het evangelie van Thomas. Ik herken de hoofdrolspelers (God, Jezus) maar de boodschap is vele malen liefdevoller dan ik me herinner van de Bijbellessen uit mijn jeugd. Het gaat niet over de toorn van God, over schuld en boete. In plaats daarvan gaat het over liefde, en vooral over het terugvinden van de liefde in jezelf. Als je dat innerlijk weten weer hebt ervaren, kun je ook de godsvonk in anderen zien. Ik ben zo in de ban van deze geschriften dat ik mezelf dagelijkse oefeningen opleg, om de vonk in mezelf en ook in anderen te zien.

Mijn overstap naar het humanresourcesdomein is nog steeds moeizaam. Ook, of juist tijdens mijn werk probeer ik de gnostische theorie in de praktijk te brengen. Immers: ook bij mijn collega's gloeit de vonk, ik moet alleen mijn best doen om die gloed in hen te zien.

Ik ben vandaag uitgenodigd op een managementteamvergadering om een nieuwe procedure van het personeelsbeleid toe te lichten. Een hoogleraar die tegenover me zit loopt rood aan als hij hoort dat ik de 'juffrouw van human resources' ben. Hij gaat staan en fulmineert eerst tegen het hr-beleid van de universiteit, om dan in één ruk door te gaan naar de regeldruk vanuit Den Haag en dat vroeger alles beter was. Dan begint hij over disfunctionerende IT-systemen en het zalenreserveringssysteem deugt ook al niet. Hij noemt zaken die door het college van bestuur, het ministerie of zelfs de EU zijn besloten en waar ik, 'juffrouw van hr', geen invloed op heb. Hij gaat door. De universiteit gaat naar de kloten. Het is allemaal de schuld van 'types' zoals ik, die het onderzoek en onderwijs niet begrijpen en kapotmaken met dat beleid en al die regeltjes. Hij noemt me 'domme trut' en moppert dat hij door types als ik niet de mensen kan aannemen die hij zou willen aannemen. Tijdens de hele sessie, met vier volwassen mannen, is er niemand die hem interrumpeert om te zeggen dat dit niet de toon is om iemand te bejegenen.

Ik verlaat de vergadering, kwaad over zijn belachelijke gedrag en ook over die lafbekken van collega's, allen hoogleraar, die hun mond houden. Het meest teleurgesteld ben ik in mezelf, dat ik dit laat gebeuren.

Terwijl ik door de lange gang tussen de laboratoriumruimtes wandel, borrelt het evangelie van Thomas weer op. Deze hoogleraar was een heel, heel wanhopige, zielige man. Dit was geen boosheid, welnee, dit was een oerschreeuw om liefde. Ik kan weer een beetje lachen. Een heel klein beetje.

Thuis huil ik. Niet om deze man, maar omdat ik ervoor heb gekozen mijn baan als wetenschapper, met kilo's autonomie, te verruilen voor die van ondersteuner. Hoe had ik ooit kunnen denken dat dat een verbetering zou opleveren?

Ook binnen het hr-team loopt het allerminst soepel. We hebben een dag op de hei. Aan het einde drinken we een glas wijn en ik proost, bij wijze van grap, dat het toch mooi is dat we de dag zonder kleerscheuren zijn doorgekomen.

'Hoezo?' zegt een collega onverwacht fel.

'Nou ja, we zijn toch een beetje een vulkaan waarvan je wel weet dat-ie uitbarst, maar niet precies wanneer,' zeg ik, nog steeds half grappend.

'Jij... jij haalt het aller-aller-allerslechtste in mij naar boven!' Ze doet een stap naar voren en heft haar hand op. Ik deins terug.

'Kom Sandra, ze is het niet waard,' zegt een andere collega die een arm om haar heen slaat en haar wegvoert.

Ik heb geen idee wat ik verkeerd heb gedaan. Ik weet alleen dat Sandra me haat, en zij is niet de enige. De andere collega's, inclusief mijn baas, gaan niet in op het voorval waar zij allen getuige van waren. We praten verder over vakanties en het uitzicht.

Na een halfuur loop ik naar Sandra toe om het uit te praten, wat het dan ook is wat mij zo vreselijk maakt. Ze blaast als een kat. 'Uit mijn buurt, jij. Ik wil niks met je te maken hebben.' Afschuw spat uit haar ogen.

De meeste dagen op het werk wordt mijn zicht op andermans vonk wel erg verduisterd.

Een terugkerend thema in de gesprekken met pater Tycho is mijn zucht naar spectaculair, naar meer, naar een roes.

'Jij hebt God leren kennen via de weg van de mystieke ervaring,' zegt pater Tycho. 'Het is nu zaak dat je niet langer alleen die ervaring hebt maar ook het besef.'

'Hoe doe ik dat?'

'Door je hoofd en je hart samen te brengen.'

Pater Tycho geeft me handreikingen in de vorm van geestelijke oefeningen. Stilte is in de begeleiding van pater Tycho net zo belangrijk als bij de zenmeditatie – wat dat betreft ben ik weer bij stap één van mijn zoektocht beland. Hij adviseert me om dagelijks op een vast tijdstip stil te zijn. Ik begin consciëntieus. Na een paar weken gaat het me al gigantisch de keel uithangen. Er gebeurt he-lemaal niets. Ik ben er niet zo zeker van dat stilzitten het best werkt bij mij. In het sjamanisme zijn dansen, zingen, lopen, vuurtje stoken manieren om toegang te krijgen tot die andere dimensie. In de natuur zijn. Stil zitten mediteren ontbreekt in het sjamanistisch repertoire en dat zal wel niet voor niets zijn. Misschien past dat sjamanisme toch beter bij mij dan deze Rijnlandse mystiek.

Dankzij Tycho's interventie ben ik me nog meer bewust van mijn patroon: ik twijfel aan de methode zodra het saai wordt. Kom op, een beetje discipline. Ik zet mijn wekkertje op twintig minuten en ga zitten ondanks mijn fysieke weerzin. Met mijn kiezen op elkaar zit ik die twintig minuten uit, dag in dag uit.

Na maanden van vruchteloos mediteren zonder merkbare verandering, laat staan vooruitgang, besluit ik de dosering aan te passen. Ik zal niet twintig minuutjes per dag, maar vijf volle dagen geheel stil zijn. Ik ga weer op stilteretraite, in een klooster.

In de BBC-serie *The Big Silence* gaat een groep die niet in God gelooft en geen ervaring heeft met meditatie de uitdaging aan om stil te zijn. Na wat oefening gaan ze samen een paar dagen op stilteretraite. We volgen onder anderen een leerkracht en een autoverkoper. De priester die de retraite begeleidt vergelijkt stilte met water: zoals een plantje verdort als het niet regelmatig water krijgt, zo heeft de ziel stilte nodig.

De impact van een dosis stilte op deze groep mensen is spectaculair: carrières worden omgegooid, banden worden aangehaald of juist verbroken. Allemaal, ook de atheisten, zeggen ze dat ze God of iets goddelijks hebben ervaren. Soms door het horen van een stem, soms door andere gewaarwordingen. Ongelooflijk dat een beetje stilte dit effect kan sorteren. Dat wil ik ook. Dat wil ik ook weer.

De eerste dag van de retraite in het trappistenklooster in Zundert is wennen voor mij. Ik betrek een eenvoudige eenpersoonskamer. Een bed, een tafel en een douche. Een gevangenis is van meer gemakken voorzien dan deze zelfgekozen kluis. Het geplastificeerde schema van de missen en maaltijden ligt op de lege tafel. Ik besluit voor de *full monty* te gaan. Ik ga aan alles meedoen, ook aan de nachtmissen, ook aan de ochtendmeditaties die nog voor de eerste mis plaatsvinden.

De witte intieme kerk in Zundert is modern, sober en sereen. De massieve strakke koorbanken van licht hout en de hoge ramen nodigen uit tot rust. Toch kom ik niet toe aan stilte in mijn hoofd. De logistiek van de mis houdt me te zeer bezig: er zijn liedboeken en psalmboeken en volgordes en ik moet vooruit- en terugbladeren om te zoeken bij welke psalm we nu weer zijn aangeland. Ik ben niet opgegroeid met het katholicisme. Mijn moeder was weliswaar rooms-katholiek, maar behalve dat ik zo nu en dan een begrafenis- of huwelijksmis heb bijgewoond ben ik niet vaak in de katholieke kerk geweest. Wanneer moet ik staan, wanneer moet ik zitten, hoe sla je precies een kruis en wanneer, en wanneer wordt een collectief 'Amen' verwacht? En het Onzevader is ook bedrieglijk: de katholieken gebruiken net een paar andere woorden dan ik heb geleerd in de Nederlands Hervormde kerk.

In Zundert bestaan de missen voor een groot deel uit gezongen psalmen, door de broeders en de bezoekers. De muziek is mooi, maar de teksten van de psalmen leiden me af. God als iemand die je moet duchten, en als je Hem niet vreest, zal Hij je met de grond gelijkmaken. God als superstrijder, als god van de toorn. Donder, bliksem, bloed, zwaarden.

> Maar d' Opperheer, die Zijn geduchten stoel
> Op starren sticht, en grondvest op de wolken,
> Zal lachen met dat vruchteloos gewoel,
> En spotten met den waan der dwaze volken,
> God zal Zijn wraak ontdekken voor hun ogen.
> Straks gloeit de lucht door 't vlammend bliksemlicht;
> 't Is God die spreekt; Hij dondert uit den hoge,
> En jaagt Zijn haat'ren in 't gezicht.

Ik doe mijn best om me niets aan te trekken van dit beeld dat niet strookt met mijn 'Kyrie Eleison', de barmhartige die me altijd in de palm van zijn hand draagt, die me heeft verzekerd 'dat ik er niet uit kan vallen'. Ik erger me bij vlagen aan het instituut dat zulke beelden propageert – ook al is dit allemaal historisch te verklaren.

Ik kon erop wachten: ik erger ik me ook weer aan mijn ergernis. Zo komt die ontmoeting met het universum er natuurlijk nooit.

De dag na mijn aankomst is mijn eerste eucharistieviering. De gasten worden, samen met de broeders in hun witte kovels, rondom het altaar uitgenodigd. Daar zingen we gezamenlijk het Onzevader. Ik hoor een verspreking en herken een andere gast als protestant, net als ik. Ik ben erop gespitst om alles goed te doen, volgens de regels, zodat niemand aanstoot aan mij hoeft te nemen. Hoewel ik druk ben met mezelf zie ik ook de sereniteit. Wat uitzonderlijk is het, de broeders die het kleine witte kerkje binnenschuifelen en op hun lichthouten stoelen plaatsnemen; het reciteren van de gezangen in vraag- en antwoordmodus; het luiden van de klokken. Ik ben toeschouwer van iets moois.

Er volgen gedurende vierentwintig uur missen, meditatie, maaltijden in stilte, een laatste nachtmis en dan de ochtendmeditatie. In de ochtendmis worden weer alle gasten uitgenodigd om rondom het altaar te staan. Omdat ik weet wat ik kan verwachten ben ik niet meer zo op mijn qui-vive. Tijdens het Onzevader, en ik weet niet eens of ik deze keer nu wel of niet de protestantse versie laat horen, stromen tranen over mijn wangen. Ik ben ontroerd door het ochtendlicht dat door de kerkramen naar binnenvalt, door het harmonieuze gezang. Ik ben samen, met deze mensen, met het ochtendlicht. Hun goede bedoelingen jegens mij kan ik welhaast via mijn huid opnemen, en mijn goede intenties kan ik aan hen doorgeven. Permeabel, zo voel ik me.

Maar ik kom niet voor permeabiliteit, ik kom voor niets anders dan een ontmoeting met het universum. Ik ga meer meditatiesessies tussen de missen doen. Als ik met geloken ogen mediteer zie ik altijd spectaculaire kleuren en vervormingen. Ik weet dat ik daarin niet alleen ben. Naarmate de dagen vorderen worden die lichtverschijnselen, vloeiende vormen en vervormingen steeds heftiger. Ik moet mijn best doen om daar niet te veel bij stil te blijven staan. Tegelijkertijd is er ook een stemmetje in mijn hoofd gekomen: misschien is dit wel de opmaat voor De Ontmoeting.

Af en toe leen ik iets uit de bibliotheek van het klooster. Ik lees een dun boekje van Thomas Merton – een Amerikaanse katholieke monnik die vooral bekend is om zijn boek *De louteringsberg*. Dat heeft een tijd op mijn nachtkastje gelegen, maar ik kon me niet over zijn lelijke stijl heen zetten. De monnik wordt gezien als een hedendaags mysticus. Hij kwam in 1968 trouwens curieus aan zijn einde: een defecte ventilator kwam in aanraking met zijn badwater en hij werd geëlektrocuteerd.

Merton was een voorvechter van de interreligieuze dialoog – wat overigens bij vrijwel alle mystici terugkomt. Pater Tycho zei hierover: 'Het lijkt wel: hoe dichter men bij het vuur staat, hoe gemakkelijker men elkaar de hand kan reiken.'

In het boekje dat ik 's avonds in mijn kloostercel opensla beschrijft Merton dat beginnelingen op de spirituele weg zich vaak proberen vast te klampen aan allerlei tekenen, en dat het belangrijk is dat zij onder begeleiding van een spiritueel meester hun ontwikkeling doormaken.

Kijk, daar heb je het. Het is gewoon valkuil één, beschreven in het handboek Spiritualiteit. Een val waar ik met beide benen in trap, als een kip zonder kop.

Merton schrijft verder dat veel mensen vragen om een methode om tot God te komen. Welnu, die is er niet. Het enige is dat je God met je hart zoekt, voluit.

Ik mediteer verder en probeer me niet te laten meevoeren of afleiden door het waanzinnige kleurenspektakel: goudgerand; paarse bollen, vloeiende lijnen die als water in elkaar oplossen. Het gaat allemaal voorbij. De eerste dagen waren er nog wel gesprekken geweest in mijn hoofd, die al dan niet gesust werden door weer een andere stem. Nu kom ik vrijwel meteen, zodra ik ga zitten, in een staat van rust en leegte.

Het zijn lange avonden alleen op mijn kloosterkamertje. Bij gebrek aan internet, tv of telefoon lees ik een ander boek uit de bibliotheek van het klooster. Piet van Breemen schrijft dat 'Wie ben je? Wat is je diepste verlangen?' belangrijke vragen zijn.

Mooi is dat. Ik ben niets maar dan ook niets meer over mezelf te weten gekomen. Ik heb geen verblindend inzicht gehad. Van Breemen doet uit de doeken hoe hij mensen op retraite begeleidt en hoe ontroerd hij is als er een breekpunt komt dat mensen dit van zichzelf gaan leren zien. Want het is moeilijk (ik parafraseer) om tot die kern te komen, die uit het zicht is geraakt door sociale conventies, opvoeding, gewenning en allerlei andere redenen.

Verdomme.

Ik ben al zó lang op zoek en ik weet nog steeds niet wat ik ben en wat ik ten diepste verlang.

Ik ben gefrustreerd. De eerste de beste buurvrouw, scholier of collega weet beter wat haar kern is en wat zij verlangt dan ik. Tranen prikken achter mijn ogen. Waar steek ik nu mijn tijd allemaal in, wat wil ik nu zo graag en wat ben ik er tot nu toe mee opgeschoten? De meest basale vragen, wie ik ben en wat ik ten diepste verlang, kan ik niet eens beantwoorden.

Ik denk aan het interview van Ischa Meijer met Ramses Shaffy over Bhagwan oftewel Osho. Destijds vond ik diens vraag aan Ramses lachwekkend, een teken dat de vermeende goeroe wel een oplichter moest zijn. Nu weet ik dat 'Wie ben ik?' de kernvraag is. Anders dan in mijn studententijd kan ik er niet meer om lachen.

De volgende dag, na de zenmeditatie en de ochtendmis, pak ik mijn koffertje en ga naar huis. De taxi brengt me naar het station. Als ik iets wil zeggen tegen de chauffeur moet ik de kikker in mijn keel wegwerken. De stilte heeft zich in mijn keel vastgezet. Pas nadat ik een paar maal heb gekucht breng ik acceptabel stemgeluid uit.

In de trein zit ik tegenover een jong stel. De moeder heeft een piepjong baby'tje op haar arm, eerder dagen dan weken oud. Het gezin komt oorspronkelijk uit Oost-Afrika, zie ik aan hun fysionomie en hoor ik aan de taal die ze spreken. De moeder lacht tegen de baby en geeft met haar volle lippen zijdezachte kusjes op het hoofdje, op het gezichtje en wrijft de voetjes. De vader en de moeder kijken elkaar aan. Het lijkt seconden te duren. Hun wangen en ogen zijn ontspannen, het begin van een glimlach op hun beider gezichten. De moeder knippert met haar ogen en het gezicht van de man, een jongen nog, breekt open met een enorme glimlach. Ze kussen elkaar.

Het is, net als die ochtend bij het altaar, alsof ik hun liefde door mijn huid kan voelen en kan opnemen.

Ik voel me zeldzaam ontvankelijk. Mijn zintuigen zijn op een of andere manier in verhoogde staat van waarneming gebracht. Het is een fijn gevoel, maar tegelijk voel ik me ook raar. Kwetsbaar. Voordat de kinderen thuiskomen van school en ik weer de routine oppak wil ik weer landen. Ik maak een wandeling met de hond op het eiland Van Brienenoord, een laatste stukje natuur in Rotterdam, of in ieder geval een plek die nog niet helemaal is aangeharkt. Ik heb hier honderden keren gelopen. Deze keer ruik ik opeens de rivier, zie ik alle schakeringen groen aan de bomen, word ik blij als ik mijn hond gracieus zie rennen en verwonder ik me erover hoe snel de wolken van vorm veranderen. Net voordat ik in de auto stap krijg ik een appje van Tanya, met wie ik sinds het advies van Tycho een bijzondere vriendschap heb opgebouwd. Zij loopt, zonder goeroes of cursussen, mijlenver vooruit op mij (en, al mag je dat niet zo zeggen, zo te zien in spirituele ontwikkeling. Eenieder heeft immers zijn eigen weg te gaan en zo). Ze informeert hoe de retraite was.

'Ik ben net terug. Ik weet niet precies wat er is gebeurd. Niets spectaculairs, maar het lijkt alsof ik mijn verdedigingsmechanisme heb laten zakken, of dat ik het kwijt ben. Alles komt rechtstreeks binnen... Beetje weird.'

'Mooi. Heel mooi. Koester dit moment, zodat je later nog eens naar deze staat terug kunt.'

Ik schrijf een verslag van de stilteretraite voor pater Tycho. De strekking is dat ik teleurgesteld ben. Ten eerste over het besef dat ik nog steeds mijn tijd moet verdoen met beginnersdilemma's. De vraag 'Wie ben ik?' was in mijn studententijd lachwekkend, zo onproblematisch, en nu kan ik er niet eens het begin van een antwoord op formuleren.

Mijn grootste teleurstelling is echter dat ik heel erg mijn best heb gedaan maar dat een nieuwe ontmoeting of hernieuwde kennismaking met het universum is uitgebleven.

Per ommegaande schrijft pater Tycho terug: 'Je dénkt dat er geen ontmoeting met God heeft plaatsgevonden omdat het niet precies was zoals je verwachtte of zoals je dat eerder hebt meegemaakt. Maar ik kan je vertellen, Willemijn: jouw ervaring tijdens de eucharistie, en jouw ervaring in de trein waar je pure liefde hebt ervaren, dat ís God.'

Swami

2014

Kosten: healings à 175 euro en vijfdaagse cursus à 550 euro

Ik kom nu al bijna een jaar bij pater Tycho en de vorderingen, als ze er al zijn, gaan me te langzaam. Het mediteren gaat me tegenstaan. Hoeveel uren, dagen, maanden heb ik nu al niet op dat rotkrukje gezeten? Zonder ook maar een hint van een nieuw inzicht, kalmte of wijsheid of een teken uit het universum.

Ik blijf enigszins trouw aan mijn meditatie en zeker aan de gesprekken met Tycho, maar daarnaast bezoek ik wel eens een paragnost, een handoplegger of iemand anders die me op specifieke onderdelen zou kunnen helpen. Vandaag zoek ik mijn heil bij Elisabeth, de chic geklede channeller. Per mail leg ik mijn vraag aan haar voor: ik wil een recept om nu voor eens en voor altijd mijn plek in de wereld te vinden. En dat ik dan weer een beetje kan lachen ook.

'Je hebt een goede healing nodig. Ik kan je nu niet helpen, maar ik weet iemand die dat wel kan. Ga naar Swami, een Indiase goeroe die met enige regelmaat Europa aandoet. Zo helderwetend en -voelend als maar kan. Hij kan dingen die ik niet kan.'

Via een onduidelijke mailwisseling met een tussenpersoon in Antwerpen die de communicatie van Swami in

Europa verzorgt weet ik een afspraak te maken voor als hij weer in Nederland is, over twee maanden. De tussenpersoon houdt ruime marges in dagen en tijdstippen aan. Alleen de fee staat vast: 175 euro, contant te voldoen.

Vervolgens ontvang ik vele e-mails om dag en tijdstip vast te stellen en nogmaals te wijzigen. Door dit amateurisme begin ik te twijfelen aan Swami. Anderzijds: als Elisabeth hem aanraadt, dan moet het wel iets zijn.

Elisabeth stelt haar huis ter beschikking voor de healings. Swami is een kleine Indiase man met een beginnend buikje. Hij is gekleed in traditionele kledij: een luchtige witte wijde broek met daarboven een soort witte kaftan, schuin over zijn schouder gedrapeerd. Hij draagt een lange kralenketting en brede zilveren ringen in zijn oren. Zijn halflange krullende zwarte haren, met hier en daar grijze strengen, draagt hij in een staartje. Zijn ogen zijn een wereld op zich: bol, groot en diepzwart. Hij is vrolijk, opgeruimd. Hij maakt intelligente grapjes, stelt vragen die ertoe doen, heeft een scherp opmerkingsvermogen en beweegt vloeiend en soepel. Als hij vanuit kleermakerszit gaat staan doet hij dit zonder zijn handen of andere steun te gebruiken, als een veertje. Zijn handen zijn zo sierlijk en verfijnd als die van een vrouw. Hij kijkt me net iets langer aan dan gebruikelijk is en ik begin te blozen.

Ik geloof dat ik verliefd word.

Zodra hij aan zijn healing begint is hij doodserieus. Ik lig met mijn ogen dicht op een behandeltafel. De binnenkant van mijn ogen is lichtbruin, beige, soms gelardeerd met wat oranje en roze, zoals altijd als ik mijn ogen sluit. Hij strijkt met zijn handen een paar centimeter boven mijn lichaam. Wat er gebeurt, en of 'er iets verandert op celniveau' zoals hij me van tevoren heeft uitgelegd, is nauwelijks of niet waarneembaar voor mij. Op het moment dat hij met zijn handen in de buurt komt van mijn hals en hoofd zie ik opeens alleen nog maar de kleur geel. Warm, helder geel.

Na afloop zegt hij me dat hij veel heeft kunnen doen, maar dat mijn probleem niet in één sessie te fiksen is. Wat hij over mij zegt is allemaal waar: mijn mannelijke (doelgerichte, harde, resultaatgerichte) kant is veel sterker aanwezig dan mijn vrouwelijke kant; ik heb moeite om mijn hart met mijn hoofd te verbinden; ik heb veel mensen vergeven maar er zitten ook nog wat restjes wrok.

Wat betreft mijn aanhoudend droef gemoed zegt hij dat ik de invloed van voedsel onderschat: ik ben geen vegetariër. Hij vraagt het niet, hij stelt het. Net voor de slacht zijn de dieren angstig, of ze hebben pijn. Doordat ik vlees eet absorbeer ik ook die emoties. Kauwen op dode dieren is geen goed idee voor mij.

Als je het zo zegt, lijkt het mij opeens ook geen goed idee meer. Kauwen op dode dieren.

Stap één is om in ieder geval te stoppen met het eten van dieren. En hij begint over alcohol. Dat werkt ook verstorend. Het beste zou het zijn om geheelonthouder te worden, maar in ieder geval moet ik drastisch minderen. O ja, en mijn eerste chakra is abnormaal krachtig. Van mijn sjamanencursus weet ik inmiddels dat dat chakra zich ter hoogte van je kruis bevindt. Ik vermoed dat dat een momentopname is en dat hij dit heeft gevoeld omdat ik hem heel aantrekkelijk vind, maar daar begin ik niet over. Als hij echt zo helderziend en -voelend is als Elisabeth zegt, zal hij dat al wel weten.

Wanneer ik vertel dat ik op een bepaald moment alleen nog maar de kleur geel zag, vindt hij dat volkomen logisch: 'Natuurlijk, dat is de kleur van mijn aura.' Hij besteedt er verder geen woorden of uitleg aan.

Ik ben nog niet gefikst en ik heb minimaal nog een vervolgsessie nodig. Beter nog zou het zijn als ik een cursus bij hem zou volgen. Hij is over een paar maanden weer in Europa. Dan zou ik vijf dagen aaneengesloten een cursus kunnen doen. Wil ik dat? Ik ben zo betoverd door zijn verschijning dat ik hier geen moment over hoef na te denken. Ja graag, een hele cursus en alle andere keren dat hij in Europa is ook graag. Ik zeg ja op alle tijd die ik bij hem in de buurt kan doorbrengen. Wat fijn dat dat kan. Ik voel me een geluksvogel, omdat die cursus me zomaar in de schoot wordt geworpen. Ik zal contact houden met Lieve, zijn Vlaamse assistente.

De dame aan zijn zij is in alles zijn tegengestelde. Ze is bleek, flets en oogt vermoeid of zelfs ziekelijk. Ze ziet eruit alsof ze in geen jaren in de buitenlucht is geweest. Ik doe bij haar de contante betaling, omdat Swami geen geld mag aanraken.

Op weg naar huis zit ik losser, ruimer in mijn vel lijkt het. Ik ben ontspannener, heb meer ademruimte. Of lijkt het maar zo?

Omdat de afspraak met Swami diverse keren is verplaatst komt het nu zo uit dat ik snel door moet, met mijn koffer in de hand, want ik ga na mijn werk een paar dagen op reis. Met mijn hoofd vol goudgele flarden schuif ik aan bij een managementteamvergadering. Rond de tafel zitten dertien vrouwen en één man, onze leidinggevende. De vergadering verloopt voorspelbaar. Dat is al heel wat.

Bij het laatste agendapunt, zo heb ik afgesproken met mijn baas, zal ik, ter informatie, een korte mededeling doen over een wijziging in de samenstelling van mijn team. Nog geheel Swami-ontspannen vertel ik over de ophanden zijnde veranderingen.

De hel breekt los.

'Het bevreemdt mij dit te horen,' zegt een collega even zuinig als duidelijk.

'Ik vind dit uiterst oncollegiaal gedrag,' zegt de ander. Instemmend gezoem en ook wat gesis.

'Sinds wanneer mag je dit soort dingen op je eigen houtje beslissen?' zegt een collega met wie ik dagelijks te maken heb en die dan altijd uiterst amicaal tegen mij is.

En zo gaat het nog even door.

Ik kijk mijn twee collega's aan met wie ik dit heb geregeld en die mijn baas, samen met mij, hebben geadviseerd om het op deze wijze aan te pakken. Zij kijken afwisselend uit het raam of in hun papieren. Ik kijk mijn leidinggevende aan, die deze ingreep afgelopen week nog 'het ei van Columbus' had genoemd en mij bedankte voor mijn proactieve houding. Hij wrijft nu over zijn voorhoofd, met zijn hand gedeeltelijk voor zijn ogen.

Het verontwaardigd gebrom neemt af. Mijn baas vraagt of er verder nog mededelingen zijn.

'Nee? Dan is de vergadering gesloten.'

Mijn collega's pakken hun spullen, kletsen nog wat na met elkaar en druppelen dan in groepjes van twee of drie de vergaderzaal uit. Ik ben de enige die alleen de zaal verlaat.

De healing mag dan iets veranderd hebben op celniveau, helaas hebben de goudgele flarden het niveau van de groepsdynamiek niet bereikt.

Op weg naar mijn werkplek ga ik mijn gangen nog eens na. Ik zie nog steeds niet wat ik verkeerd heb gedaan. Toch doe ik iets wat mijn collega's mateloos ergert, keer op keer. De socioloog Luhmann zei het al: je kunt niet zien wat je niet ziet. Kennelijk heb ik een enorme blinde vlek voor mijn functioneren in het team. Het is niet alleen deze vergadering waarin ik alleen sta. Een loyaal lid van het team aan wie ik leidinggeef vertelde me dat er veel over me wordt geroddeld en dat ze dat rot vond voor mij.

'Ze zeggen bijvoorbeeld dat je...'

'Laat maar, Eef, ik hoef het niet te weten.'

Tijdens de zomerborrel ging het ook al mis. Smalltalk onder de wetenschappers ging vaak over politiek, over boeken en films. In mijn nieuwe werkkring gaat het over vakanties en verbouwingen. Na een uur vind ik het een acceptabele tijd om weer op te stappen, maar dan draait een collega zich naar mij toe. Haar linkeroog heeft moeite om het rechter bij te houden en ik vermoed dat ze een lauwe witte wijn te veel opheeft. Ze komt dichterbij staan en dan zegt ze, zomaar uit het niets, dat van alle leden van het managementteam ik nog wel het meest was tegengevallen.

Ik vraag haar waarom.

'Jij hebt nog nooit iets dieps en belangrijks aangedragen. Je mag dan universitair hoofddocent zijn geweest, dat zogenaamde niveau is nergens aan te merken, dóctor.'

Het geroddel, geruzie, het uitsluiten probeer ik van me af te laten glijden, maar dat is nog niet zo gemakkelijk. Elke dag werk ik met collega's die me liever zien gaan dan komen, met mijn zogenaamde niveau.

Het is twaalf tegen één en ik sluit niet uit dat ik degene ben die het verkeerd doet en het verkeerd ziet. Maar wát dan? Ik gedraag me nauwelijks anders, denk ik, dan toen ik wetenschapper was. Toen maakte ik probleemloos deel uit van het team. Collega's werkten graag met mij samen, en ik met hen. Wat is het in mij dat me nu buiten de groep plaatst, of eerder, wat mij zo gehaat maakt? Ik heb er geen antwoord op.

Aansluitend op deze werkdag vlieg ik met diezelfde leidinggevende naar een meerdaagse bijeenkomst in het buitenland. Ik zie hem pas weer in de rij bij het boarden. Ik ben nog steeds van mijn stuk door het verloop van de vergadering.

'Waarom liet je me vallen vanmiddag? Jij had die beslissing toch geautoriseerd omdat je het een goed plan vond?'

'Willemijn, dit team is een krabbenmand. Jij klimt uit de krabbenmand en dat zal je never nooit niet lukken met deze groep. Alle krabben zullen je naar beneden proberen te trekken. Dat is een wetmatigheid. Ook ik kan je daarbij niet helpen.'

'Maar je had toch kunnen zeggen dat je me steunt en kunnen uitleggen hoe het is gegaan en waarom het een goed idee is?'

'Ach, dat zou niets uitmaken.' Dan vervolgt hij: 'Ik begrijp je probleem niet zo goed. Je hebt de oplossing toch die je wilde? We draaien de beslissing toch niet terug?'

We zijn in het vliegtuig gekomen en hij zit in een andere rij dan ik. Na het landen en in de volgende dagen komt hij niet meer terug op het voorval.

Ik mail nog steeds met Jelte, maar veel minder frequent dan ooit. Tot voor kort schreven we lange mails met beschouwingen over ons eigen leven, of over boeken, of over ontwikkelingen in de wetenschap. We wisten soms tot op het kwartier nauwkeurig hoe de dagindeling van de ander was, of er sprake was van veel of weinig seks in deze levensfase, hoeveel tentamens de ander nog moest nakijken. Die tijden liggen achter ons.

Ik vrees dat we uit elkaar zijn gegroeid sinds mijn overstap van wetenschappelijk personeel naar de categorie obp. Meteen na mijn aanstelling als hr-manager schreef hij me dat hij mijn keuze om naar The Dark Side over te stappen betreurde. Hij voegde geen smiley toe of iets dergelijks om de boodschap grappiger of luchtiger te maken.

In onze e-mailuitwisseling fulmineert Jelte vaker wel dan niet over de ondersteunende diensten en tot mijn verbazing neem ik het af en toe voor ze op. Het is ingewikkelder en taaier dan de meeste wetenschappers denken om een contract te verlengen, om een nieuw systeem aan te schaffen. En als je je klassieken kent, dan weet je dat bureaucratie niet alleen een noodzakelijk kwaad is maar wel degelijk een heel nuttige functie heeft en onmiskenbare voordelen. Jelte herkent meteen mijn verwijzing naar Max Weber. 'Wil je serieus een discussie over bureaucratie in de eenentwintigste eeuw voeren op basis van een achterhaald boek uit de negentiende eeuw?' Hij ergert zich aan mijn apologie van de bureaucratie. En aan mijn loslaten van de rede. En aan mijn godsdienstwaanzin.

Misschien gaat de boel weer stromen als we elkaar zien, in plaats van contact te hebben via twee toetsenborden. Als we een tijd en plaats hebben afgesproken, voeg ik er terloops aan toe dat ik momenteel geen alcohol drink.

'Godallejezus. Engelen, sjamanen, priesters. Obp. En nu ook nog eens een drooglegging. *What is next*? Veganisme?

Weet je wat, ik zeg de afspraak af tot het tijdstip dat je weer drinkt.

Ik reken op je karakter.

Tot gauw!'

Ik zit achter het scherm en klik mijn inbox weg. God geeft taal noch teken en ik leef momenteel zonder roes of uitspatting. Ik heb een stomme baan met collega's die mij niet kunnen pruimen. Vertrouwde vrienden die ik al twintig jaar ken, en die me nu tussen haakjes zetten. En nieuwe intimi heb ik niet.

Rationeel gezien is mijn zoektocht niet de meest vruchtbare weg tot geluk, als het überhaupt al de goede richting is. Die verdomde eenzaamheid.

Ook thuis met R. kan ik niet alles delen, al voelt hij me vaak wel aan. Hoewel R. niet in God gelooft of naar zingeving zoekt, begrijpt hij zeker wat het is om contact te maken met iets wat groter is dan jezelf. Bij hem gaat dat niet via mediteren of bidden maar via klassieke muziek.

Dat komt bij hem bijvoorbeeld tot uiting tijdens een uitvoering van de *Gurre-Lieder*, door de Nationale Opera in Amsterdam. R. heeft deze uitvoering voor ons geboekt omdat de Nationale Opera altijd fantastisch is, maar ook omdat het stuk van Schönberg deze keer in de volledige bezetting zal worden uitgevoerd. Bij deze uitvoering bestaat het koor uit meer dan honderd personen. Ik ken het werk niet, maar R. is ervan overtuigd dat ik het ook prachtig zal vinden.

De uitvoering is groots. Alleen al het decor en de enscenering zijn geweldig. Dan komt het einde. 'De stralende zonsopkomst aan het slot van *Gurre-Lieder* geeft aan hoe onbeduidend het menselijk lot is in vergelijking met de macht van de natuur,' lees ik in het informatieboekje. Maar dat is een veel te geringe, feitelijk beschrijving. De muziek zwelt aan, bouwt op. En dan knalt het. Het voltallige koor bezingt de zonsopkomst, een ode, een uitbarsting van leven.

Als het stuk is afgelopen, de zaal uitzinnig heeft geapplaudisseerd en ik wil opstaan, blijft R. zitten. Hij lijkt wel verdoofd. Hij maakt duidelijk dat hij nog niet weg wil, of weg kan. Ik ga weer zitten en laat de andere bezoekers passeren. Er verstrijken minuten. Als R. iets wil zeggen komt er geen geluid en hij maakt gebaren naar zijn keel. Ik bestudeer zijn gezicht. Zijn ogen staan onder water.

Even later spreekt hij weer. 'Bij die zonsopkomst... Ik was hier en ik was ook niet hier... Ik werd opgetild en tegelijkertijd zag ik mezelf hier zitten.'

Ik knijp hem in zijn hand en ik geloof dat ik een beetje begrijp wat hij zojuist heeft meegemaakt.

Ondanks de geringe progressie in mijn queeste ga ik toch maar verder met Swami – een beter alternatief heb ik niet. Na alweer een schier eindeloze uitwisseling van mogelijke tijdvakken, periodes, weken dat Swami in Europa zal zijn, of toch niet, heb ik eindelijk een aaneengesloten week afgesproken waarin ik de cursus bij hem zal volgen. Hij zal die week ook andere workshops en cursussen en healings geven in Rotterdam en hij kan mij er mooi bij hebben.

De dag voorafgaand aan onze eerste afspraak neem ik contact op met Lieve.

'Voor de afspraak van morgenochtend om negen uur: waar moet ik me melden?'

'O, we kunnen wel naar jouw huis komen. Voor morgen hebben we namelijk nog geen locatie. Daar hebben we trouwens nog een vraag over. Kunnen we komende week bij jou logeren? De andere workshops hebben toch minder aanmeldingen dan gedacht en we hebben nog geen andere workshopruimte.'

Ik ben van mijn à propos. Enerzijds ben ik gevleid omdat Swami mij benadert, het is toch een kans om een week lang in de nabijheid van een bijzondere man te verkeren. Anderzijds moet ik reëel zijn. Een week lang bezoek van familie of vrienden vind ik al behoorlijk veeleisend, laat staan van Swami en zijn begeleider.

Lieve vat mijn stilte op als een uitnodiging voor het opsommen van haar wensenlijst: 'Swami staat om vier uur op, dan heeft hij toegang tot een privébadruimte nodig. Hij doet zijn ochtendritueel, wat enig geluid zal geven met zang en instrumenten. Verder kan er gedurende de week geen vlees in huis zijn.'

Ik kom net op tijd bij mijn positieven: 'Nee, logeren is niet mogelijk.'

'Prima, dan hebben we het er nog wel over. Tot morgen!'

Tegen negenen komt de kleine Indiase goeroe uit een piepklein autootje, vergezeld door zijn Vlaamse assistente. Swami is een exotische verschijning in mijn Rotterdamse Vinex-wijkje. Hij is weer in traditionele kleding gehuld, met een rode stip op het voorhoofd en kralenkettingen om zijn hals. Op straat begroet hij me met zijn handpalmen tegen elkaar, ter hoogte van zijn hart, en met een knik van zijn hoofd en bovenlichaam. Wat een sierlijke, verfijnde man. Zijn ogen twinkelen en onwillekeurig begin ik te lachen als ik hem begroet. Het is fijn om bij hem in de buurt te zijn. Alsof ik word opgetild, al dan niet op celniveau.

Onze hond, die altijd onrustig is als er vreemden in huis komen, loopt grommend en blaffend op Swami af, de staart dreigend omhoog. Hij houdt niet van onbekende mannen op zijn terrein. Laatst heeft hij nog in de hand van een klusjesman gebeten. Ik wil het dier wegduwen, maar Swami zegt dat het goed is. Hij legt zijn hand op de kop van onze hond, die vervolgens uiterst kalm en op zijn gemak naar zijn mand loopt, met ontspannen bungelende staart.

Tijdens het theedrinken voorafgaand aan onze sessie zegt Swami dat hij weet dat ik uitkijk naar de healing, en natuurlijk kan hij die steeds herhalen om zaken achteraf te fiksen. Maar dat is niet duurzaam, begrijp ik dat? Het is beter voor mij dat ik zelf leer om een basis te leggen. We beginnen bij het begin: het ademen. Hij wil deze week besteden om mij een reeks ademhalingsoefeningen te laten doen. Dan zal de energie beter stromen en zal ik me beter gaan voelen. Het is de bedoeling dat ik deze week leer wat ik dan de rest van mijn leven in de ochtend en avond kan doen. Mijn leven zal hierdoor veranderen.

Ik ben teleurgesteld. Liever had ik dat hij me met een toverstaf zou fiksen, maar Swami biedt op geen enkele manier een opening tot inspraak.

We gaan naar mijn studeerkamer en de Vlaamse dame wacht beneden aan de keukentafel. Swami leert me basale ademtechnieken. Linkerneusgat in, rechterneusgat uit. Dat soort werk. Ik vind er niets aan. Oefening vijf bestaat uit het maken van een soort gorgelend geluid, diep vanuit mijn keel. Swami doet het voor. Het is een hard, gonzend geluid. Bij hem klinkt het krachtig. Ik doe hem na en het gereutel van een slachtoffer in wurggreep klinkt uit mijn keel. Al zou ik het willen, ik kán het helemaal niet. Ik zit met enorme tegenzin op het matje tegenover Swami.

'Deze oefening lukt niet. Dit kan ik niet en ik vind het ook niet fijn.'

'Aaai,' zegt Swami. 'Dit is een heel belangrijke oefening voor jou. Jij kunt je niet uiten, je uit je niet met je werkelijke ik. Je moet deze oefening net zo lang doen tot het wel lukt. Je móet oefenen.'

Ik probeer het, en weer komt een raar gereutel uit mijn keel. Een stervend varkentje. Ik schaam me voor mijn affreuze ademstoten. Swami wil dat ik het nogmaals probeer en dan schieten opeens de tranen me in de ogen.

Ik ben nu zo'n zeven jaar bezig met allerlei oefeningen, verkenningen, gesprekken en God weet wat. Als puntje bij paaltje komt blijkt iedere keer dat de meest basale dingen in mijn leven nog niet op orde zijn. In het klooster kon ik de vraag 'Wie ben ik?' niet eens beantwoorden en nu blijk ik totaal onmachtig in het uiten van mijn ware zelf.

'Stop maar. Het is genoeg voor nu. Je moet deze oefeningen blijven proberen. Tweemaal daags. Het eerste wat je doet als je in de ochtend opstaat, en het laatste wat je doet voordat je gaat slapen. Morgen gaan we verder.'

Ik loop met hem naar beneden, waar Lieve nog steeds aan de keukentafel zit.

'Zo. En wat zijn jullie plannen voor vandaag in Rotterdam?' vraag ik.

'We dachten dat we bij jou zouden kunnen blijven logeren,' zegt Lieve.

Het is goed dat ik net geoefend heb met het uiten van mijn ware zelf. 'Nee Lieve, dat gaat niet.'

'Wij dachten...' Lieve maakt haar zin niet af omdat Swami zijn hand op haar arm heeft gelegd.

Ik loop met hen mee naar hun auto en nu pas valt me op dat er twee reusachtige koffers op de achterbank staan. Ze waren ervan uitgegaan dat ze bij mij konden blijven.

'Dan rijden we nu weer helemaal terug naar Antwerpen,' zegt Lieve. 'Ik hoop maar dat het niet zo druk op de weg is als vanochtend.'

Ik zeg niets.

'Tot morgen,' zegt Swami. 'Goed oefenen hè?' Hij lacht weer met heel zijn gezicht.

Als hij alleen was geweest had hij mogen blijven.

De volgende dag zullen ze aan het einde van de middag naar Rotterdam komen. Ik schat in dat Swami en ik nog boven bezig zullen zijn tegen de tijd dat F., inmiddels negen jaar, uit school zal komen, en ik vertel hem dat er vreemde mensen zullen zijn als hij thuiskomt. F. vraagt wie dat dan zijn en wat ze hier komen doen.

'Swami komt uit India en hij is een soort leermeester, een soort sjamaan.'

'Wat is een sjamaan?'

'Hij kan iets met energieën... Nou ja, hij is, zeg maar, een tovenaar,' zeg ik om ervanaf te zijn.

De tweede sessie stokt wederom bij de gorgelepisode. Swami leert me nog wat andere oefeningen en meridianen en drukpunten en dan is het voorbij. Ik loop naar de keuken om F. te begroeten, die een uurtje geleden uit school is gekomen. Tot mijn verrassing blijkt hij niet beneden te zijn. Ik had Lieve gevraagd om wat te eten en te drinken voor hem te maken.

'Hij is wel thuisgekomen hoor,' zegt Lieve. 'Hij zei niets en liep toen linea recta de trap op.'

Ik zwaai Swami en Lieve uit na een kop thee en loop

naar de kamer van F. Als hij mij ziet, begint hij te huilen.

Na vragen, vragen en doorvragen, kom ik erachter dat F. Lieve aan de keukentafel aantrof toen hij thuiskwam. Zij is een vrouw van ongeveer mijn lengte en postuur, en ze heeft net zulk haar als ik, halflang en in dezelfde kleur. F. dacht aanvankelijk dat ik aan de keukentafel zat en toen hij Lieve zag schrok hij zich rot. Want ik leek op haar, maar ik was het niet.

'Je had een rare kraakstem.'

Toen herinnerde hij zich dat er een tovenaar op bezoek zou komen. Eén en één is twee.

'Ik dacht dat je was betoverd,' snikt hij.

Wat moet hij een benauwd uur op zijn kamer hebben beleefd. Ach jongetje, ach jongetje. Wat doe ik je aan met al mijn fratsen?

Nogmaals de priester

2014
Kosten: vrijwillige donaties voor gesprekken

'Niets lukt vanzelf. M'n baan is flut en ik heb nog steeds geen idee van de zin van het bestaan. Ik waad door stroop, en dan ben ik ook nog eens doof, blind, mank en ik heb altijd tegenwind.'

'Altijd tegenwind?' vraagt pater Tycho.

Ik knik.

'Misschien wordt het tijd om je scheepje te keren.'

Ik ben geërgerd door zijn commentaar vanaf de zijlijn. Hij met zijn geestelijke leven zonder logistieke of financiële verplichtingen. Ik ben toevallig wel de hoofdkostwinner in ons gezin. En hád ik maar een recept om de verlamming in de rest van mijn leven op te lossen, dan zou ik de hele vloot keren.

'Je hebt tot nu toe zó hard je best gedaan om het goed te doen in je werk, om God te vinden, om een nieuwe baan te vinden. Dat heeft nog niet veel opgeleverd, toch?'

Wrijf het er nog maar eens in.

'Je kunt overwegen om nu stil te zitten, zodat je gevonden kunt worden. Probeer het eens. Daarna kun je altijd nog kijken of je toch liever jouw tactiek volgt.'

Ik zeg nog steeds niets, maar kennelijk spreekt mijn gezicht boekdelen.

'Wat is je aarzeling?' vraagt Tycho.
'Je moet me niet onderschatten, hè. Ik weet heus wel dat we het hier hebben over overgave.'

Tycho stuurde me een tijdje geleden de beroemde tekst van Julian van Norwich, een mystica uit de dertiende eeuw. Ze maakte zich zorgen over de zonden die zij had begaan en over zonden in het algemeen. In een van haar visioenen spreekt Jezus tot haar:

> *But Jesus, who in this vision informed me of all that is needed by me, answered with these words and said: 'It was necessary that there should be sin; but all shall be well, and all shall be well, and all manner of thing shall be well.'*

Bij het lezen van deze tekst ben ik weer net zo ontroerd als destijds bij de sessie met de Amerikaanse NLP-goeroe. Het kan dus eigenlijk nooit fout gaan, want *all shall be well*.

Natuurlijk heb ik dat eerder gehoord en gelezen en voor even kan ik het ook best geloven. De pest is dat het niet beklijft. De ene dag bestempel ik het als de leidraad van mijn leven, de andere dag spoelt de betekenis weg, als water in een vergiet. Een tijd lang heb ik de beginletters van deze zin als mijn wachtwoord en moet ik het me een keer of twintig per dag inprenten: *Bashw, aasbw*. Hoewel ik dit zinnetje honderden malen in mezelf zeg tijdens het intoetsen van mijn wachtwoord durf ik nog niet, of niet altijd, of nooit niet, te vertrouwen dat het heus goed komt.

Het is één om te geloven dat God, of het universum, ooit tot mij sprak, daar in De Esch, daarna op Rotterdam Zuid en tijdens sjamanenrituelen. Het is iets anders om te geloven, écht te geloven en erop te vertrouwen dat op mijn pad zal komen wat nodig is. Zeker niet als het gaat om zulke tastbare zaken als baan en inkomen, waar niet alleen mijn dagelijks brood op het spel staat, maar ook de financiële zekerheid van onze kinderen voor wie ik verantwoordelijk ben.

Daar is trouwens een belangrijk lichtpunt te bekennen. De kinderen, nu elf en negen jaar oud, hebben nauwelijks nog ruzie met elkaar. Af en toe is het gewoonweg gemakkelijk, gezellig en warm thuis. Ze maken grapjes met elkaar die gericht zijn tegen de ouderwetse opvoeders, ze wonen elkaars uitvoeringen bij en moedigen elkaar aan langs de lijn bij kampioenswedstrijden. Wat is het geheime ingrediënt geweest? Wat is er veranderd? Komt het doordat ze ouder worden?
R. zegt dat niet zij maar wíj het grootste verschil zijn.

Eerst wilden we de kinderen in een mal persen. Ze waren nog net niet onze accessoires, maar wij hadden duidelijke ideeën over hoe een kinderverjaardag, een schooloutfit, een hobby of een vakantie eruit zou moeten zien. We hadden ook ideeën over welke gezamenlijke activiteiten een gezin in het weekend zou moeten ondernemen. Nu we dat loslaten en per geval, per activiteit, per kind kijken wat het meest passend is, loopt het vanzelf. Nou ja, bijna vanzelf.

Het is waar. Toen we vroegen hoe F. zijn verjaardag wilde vieren en welke kinderen hij wilde uitnodigen, zei hij dat hij het gezin van Tanya wilde uitnodigen, en verder niemand. We drongen niet aan op een 'gewoon' feestje, met paintball of een klimbos met een handvol stuiterende klasgenootjes en we volgden zijn wens. Toen we L. vroegen wat zij voor haar verjaardag wilde, vroeg ze een taart van de duurste banketbakker van Rotterdam. Die taart met drie verdiepingen had ze ooit gezien in de etalage. Mijn calvinistische inborst sputterde tegen. 40 euro voor iets wat zó weg is. Dat gaan we niet doen. Je kunt een fiets of Kapla-blokjes vragen, maar geen taart. Ze hield voet bij stuk en nog steeds herinnert ze zich die taart als een van de beste cadeaus ooit. Onze veranderde houding betreft ook het douchen, kleding of maaltijden. Korte broek in de winter? Als jij dat wilt. Een week niet douchen? Nou ja, dat zal niet onmiddellijk gevaar voor de volksgezondheid opleveren. Eerst aardappelen en vlees eten, en dan pas op een schoon bord de groente? Een tikkie eigenaardig, maar die wens is niet onoverkomelijk. Onze nieuwe omgang met dit soort dagelijks terugkerende zaken levert een ongekende ontspanning op. R. heeft gelijk. Niet zij maar wij zijn veranderd.

Als ik toch de afgelopen jaren af en toe een flits van onze huidige avonden, dagjes uit en gezamenlijke maaltijden had kunnen zien. Als ik destijds een fragment had kunnen zien van het gemak en de gezelligheid van hoe het er nu aan toegaat, had ik destijds tenminste een lichtpuntje aan het einde van de tunnel gehad.

Het gezinsleven is aanmerkelijk soepeler en gezelliger, en toch blijft dat gapende gat bestaan. Wat heeft mijn leven voor zin? Welke activiteit kan me lol of zelfs vervulling brengen? Nog steeds zijn er veel te veel dagen en weken dat ik geen enkele reden zie om mijn bed uit te komen.

'Hoe het ook zij, ik merk er nu verdraaid weinig van dat het allemaal wel goed komt.' Ik wilde eigenlijk 'verdómd weinig' zeggen, maar dat woord heb ik langzamerhand uit mijn repertoire geschrapt, zoals ik mijn taal op meer fronten aan het kuisen ben.

'Dat weet ik, Willemijn, en ik vraag ook niet of je hier en nu voor altijd vol overgave kunt leven. Wat ik je aanreik is een oefening, een oefening in overgave. Probeer een poosje stil te zitten en kijk wat er gebeurt.'

In de daaropvolgende zomervakantie kauw ik op zijn commentaar. Op een camping in een klein dorpje in de Franse Hoge Alpen hebben wij een van de twee huisjes geboekt. De camping als vakantiebestemming is nog een overblijfsel van mijn calvinistische jeugd. Vakanties zijn leuk, maar het mag niet te luxueus worden. Inmiddels heb ik tenten en caravans afgezworen, maar ik blijf trouw aan het campingconcept. Een huisje kost hier trouwens meer dan een hotel, maar goed, het gaat ook om het idee van soberheid.

Dagelijks bezoek ik de vijftiende-eeuwse kerk in het dorpje waar we de boodschappen doen. Ik vind het gemakkelijker om daar een kwartier stil te zijn dan in het huisje op de camping. Algauw verleng ik mijn kwartier tot een halfuur en soms ga ik zelfs tweemaal daags. Met een boodschappentas waar de prei en zakken chips uit steken zit ik in de houten banken, achterin, op het rustigste plekje van de kerk.

'Het gebed kruipt in de muren,' heeft pater Tycho wel eens gezegd over oude kerken, en nu merk ik het. Zelden zijn de stemmen in mijn hoofd zo snel en zo effectief het zwijgen opgelegd. Het is vrijwel meteen stil als ik een kaarsje aansteek. Hoewel ik maar een korte tijd gevrijwaard ben van commentaar, observaties en gedachten, heb ik daar de hele dag profijt van. Het lijkt alsof ik de hele dag een buffer kan oproepen tussen de prikkel (een ruzie tussen de kinderen, een regenbui, aangebrand eten) en mijn reactie.

Ik neem me voor om het advies van Tycho te volgen en voorlopig niet te zoeken. Niet naar een baan, niet naar de zin van het leven, naar nieuwe vaardigheden om met bergtoppen of stenen te communiceren of wat dan ook. Eerst maar eens zíjn. Om te beginnen op vakantie zijn.

Als de kinderen bij terugkomst van mijn bezoek aan de kerk vragen of ik zin heb in een potje hartenjagen, zeg ik tot hun verrassing meteen ja, zonder uitstel (eerst nog even dit hoofdstuk uitlezen), zonder opschorten (vanavond misschien, of morgen), zonder condities (als jullie dan morgen mee gaan wandelen, niet meer dan twee potjes). Na anderhalf uur kaarten we nog steeds – en ik ben ook nog eens aan de winnende hand.

De aandrang die ik voel om iets te ondernemen (omdat we anders misschien wel de belangrijkste bezienswaardigheid hier in de omgeving missen, of dat er wel iets nuttigs gedaan moet worden, en de dagelijkse portie beweging moet ook gehaald worden) kan ik redelijk onderdrukken. We zitten aan de keukentafel en we kaarten. We filmen onze goochelacts, liedjes en handstanden en we zijn uren zoet met badminton. Als R. me iets wil inschenken, leg ik mijn hand op mijn glas. Deze vakantie voor mij geen alcohol. Ik wil alert zijn om signalen op te vangen als het universum zich tot mij richt.

'Dit was de leukste vakantie ooit,' zegt onze dochter op de laatste dag.

'Tot nu toe,' vult haar broer haar aan.

Bij terugkomst besluit ik mijn baas mee te delen dat ik mijn scheepje inderdaad ga keren. Over vier maanden, per 1 januari, zal ik vertrekken, dus hij kan vast gaan zoeken naar een opvolger.

'Heb je al een nieuwe baan?' vraagt hij.

'Nee, maar dat komt wel,' zeg ik zekerder dan ik ben.

Op mijn manier leef ik naar de opmerkingen van pater Tycho. Ik twijfel nog steeds regelmatig of er eigenlijk wel een God is en ook, als ik deze vraag al bevestigend beantwoord, of deze toekijkt of interventies pleegt. Ondanks al deze onzekerheden besluit ik het niet-rennen, het nietjagen nog een tijdje vol te houden. In de Hoge Alpen heb ik geen verpletterende of nieuwe ervaring gehad, maar door het nietsdoen werd ik er leuker op en het leverde een ontspannen vakantie op. Voldoende aanleiding om het experiment te verlengen.

De tijd die ik anders zou steken in rondrennen en vaker en meer solliciteren stop ik nu in mediteren of bidden

– het verschil tussen die twee wordt voor mij trouwens steeds onduidelijker.

Als atheïst had ik een duidelijk beeld bij bidden. Dat was vooral kinderachtig en kortzichtig. Bidden, dat was zoiets als je wensenlijstje opsturen naar Sinterklaas, of zoals Reve het veel mooier verwoordde:

> Waarde Vader, ik ben nog nooit een gebed tegengekomen dat mij niet, wegens zijn hebberige toon, met weerzin vervulde. Die weerzin geldt ook uw reisgebed, afgedrukt bij uw meditatie van 28 augustus. Wie op reis gaat, bestede zijn tijd liever aan bijvoorbeeld het laten controleren van remmen en richtingaanwijzers, dan aan dit infantiel gedoe.
> Ik zou eigenlijk wel eens een gebed onder ogen willen krijgen, dat God zoekt, in plaats van Hem, om van alles en nog wat, aan Zijn kop te zeuren. Uw gebed heeft, volgens mij, met geloof niets te maken, want waarachtig geloof is belangeloos en vraagt niets, en smeekt zeker geen onheil af over anderen: want het kan niet overal tegelijk mooi weer zijn, en we weten evenzeer dat elke dag, onherroepelijk, een aantal ongelukken gaat brengen. Welnu: als men voor zichzelf goed weer of een veilige tocht afsmeekt, verzoekt men God dus, de naaste met tent en al te laten weg regenen, respectievelijk zich te pletter te laten rijden, want iets in de trant van 'indien het Uw wil is dat iemand op de weg omkomt, laat mij dat dan zijn' kom ik in uw gebed niet tegen.

Door de boeken van Richard Rohr heb ik kennisgemaakt met een voor mij nieuwe benadering van bidden. Tegenover het proppen van hebberige lijstjes in Gods brievenbus, in de hoop dat je tot de lievelingetjes uit de klas behoort en dat je wensen verhoord zullen worden, schetst Rohr het beeld van bidden als telescoop. De omgekeerde paraplu helpt om signalen uit de ruimte te kunnen horen. Bidden is niet langer een activiteit met het doel om mijn verzuchtingen aan God door te geven, maar mijn poging om zo stil en leeg te zijn dat ik tekens en seinen om mij heen kan horen – al weet ik niet of lezen, voelen, opvangen misschien een beter werkwoord is om de activiteit te beschrijven.

Net als alle vorige keren hoor of voel ik helemaal niets. Twee maanden later begin ik een beetje ongerust te worden. Mijn oude baan heb ik opgezegd, en een nieuwe is er nog niet. Toch blijf ik stilzitten.

Drie maanden later heb ik tussen de 358 andere mails twee berichtjes waarin ik gewezen word op een mogelijke nieuwe baan. De ene is leuk, de andere is nog leuker. Ik word bij beide uitgenodigd. Ik kies de tweede omdat de leden van de sollicitatiecommissie – van communistische grootte – allemaal konden lachen om mijn grapjes. Die avond krijg ik een telefoontje: gefeliciteerd met je nieuwe baan, en of ik gisteren kon beginnen.

Natuurlijk weet ik niet of het komt door het stilzitten, en of ik op deze wijze ben gevonden. Ik heb nu wel ervaren dat dingen (relaxte vakantie, leuke nieuwe baan) me kunnen toevallen zonder heel veel duwen en trekken.

Ik moet denken aan het konijn in *Alice in Wonderland*.

Hoe harder het rent, des te sneller beweegt zijn omgeving mee. Harder rennen levert het konijn dus niets op. Wat bij het konijnen rennen is, is bij mij discipline. Als iets even niet soepel gaat, gooi ik er meer discipline tegenaan. Mijn plek in de nationale equipe schermen vergde discipline. Als ik er niet goed voor stond in de ranglijsten ging ik nog harder, nog vaker trainen. Intrinsieke motivatie voor mijn studie ontbrak. Op discipline heb ik het netjes afgemaakt. Dat geldt ook voor mijn promotietraject en al mijn verdere mijlpalen. Nooit was het door liefde of motivatie dat ik mijn doel bereikte. Het is altijd discipline geweest.

Tycho's oefening heeft me laten zien dat stilzitten en kijken heel waardevol kan zijn. In plaats van sjorren, duwen en vechten, beter en harder mijn best doen, gaat het hier om heel goed luisteren en meebewegen. Het is ontspannend zolang je het vertrouwen hebt dat alles goed komt. Indien die overgave ontbreekt, is stilzitten zenuwslopend.

Misschien is het omdat ik weet dat ik wegga, maar ik word allengs minder fanatiek in het afschermen van mijn spirituele zoektocht voor mijn collega's. Pas nog ben ik een paar dagen op stilteretraite geweest in de Achterhoek. Weer terug op het werk probeer ik de vragen te beantwoorden die mijn collega's stellen. Het zijn bijna altijd dezelfde vragen. Ja, ik was op een retraite in een klooster. Nee, ik ben niet lid van een kerk. Ik weet niet of ik in God geloof. Ja, ik volgde een vast programma tijdens deze retraite. Ja, ik ben in mijn eentje gegaan. Ja, je mág internetten, maar ik beperk me tot sms'en met het thuisfront. Nee, mijn man heeft er geen problemen mee. Ja, geweldig dat ik een weekje weg mag van hem. Ja, ik ben vijf dagen stil geweest. Ja, helemaal stil, op een gesprek met de begeleider na.

Ik vertel mijn collega's niet wat de inhoud was van het gesprek met de begeleider, een uitgetreden non die deze retraite organiseerde. We spraken over de gedachten die me gedurende deze dagen bezighielden. Het waren vooral aardse zaken: zorg voor het gezin, baan, inkomen. En toch zei ze: 'Jij bent een godzoeker, hè? Ik heb in mijn veertien jaar als non heel veel zusters gezien. Een kleine minderheid was net zo gretig als jij om God te ontmoeten en te dienen. Ik meen jou te herkennen als een van hen. Klopt dat?'

Op een onverwachte manier deed haar opmerking mij goed. Godzoeker. Godzoeker. Die kwalificatie had ik nog nooit voor mezelf overwogen. Maar nu ze het zegt. Ja, ik ben misschien wel een godzoeker. Misschien is dat wel wat mijn leven waardevol maakt voor mij.

Het is misschien vergelijkbaar met de opluchting van een vriend van mij toen hij op middelbare leeftijd hoorde dat hij ADHD heeft. Enerzijds kan de diagnose verontrustend zijn, anderzijds is het ook een verklaring voor zaken die heel goed gingen in het verleden en ook voor dingen die in de soep zijn gelopen.

Ik geloof niet dat ik iets heb gezegd tegen de non. Dan stelt ze een vraag die ik tot op de dag van vandaag met me meedraag.

'Moet jij jouw ziel geweld aandoen door het leven dat jij momenteel leidt?'

Ik krijg kippenvel. Dan moet ik opeens kokhalzen. Ik schrik van de heftigheid van mijn fysieke reacties. Ik verontschuldig me omdat ik het gesprek voortijdig moet afbreken en ren naar mijn kloosterkamertje. Ik moet overgeven. Hangend boven de wc-pot huil ik tussen de golven waarin het braken opkomt.

De afgelopen jaren heb ik me suf gepiekerd over de theoretische vraag of een separate ziel een kinderlijke constructie is, en of de biologen en neurologen die schrijven dat wij ons brein zijn gelijk hebben. Ook heb ik gesmaald om de antropomorfiserende uitdrukking een 'juichende ziel', alsof die losse entiteit ook nog eens menselijke emoties zou kunnen hebben. Nu weet ik, zonder dat ik twijfel, het antwoord op deze vragen, inclusief de vraag of ik mijn ziel geweld aandoe.

Wat is dat toch met retraites? Ik ben wéér terug bij af.

Na de retraite tuimel ik weer, onaangekondigd, het donker in, alsof een struikrover in een duik naar mijn enkels heeft gegrepen waarna ik in een immens donker gat ben gelazerd.

Ik ben geërgerd. Het ging allemaal net wat beter, met dat niet-rennen.

'Ik ben geen bal opgeschoten. Ondanks mijn ervaring bij de sjamaan, ondanks mijn gestudeer in apocriefe geschriften, ondanks de cursussen bij jou van mystiek op straatniveau, en ondanks mijn dagelijkse, vrijwel dagelijkse, nou ja, oké, wekelijkse meditaties. Ik durf zelfs te wedden dat het ongeveer dezelfde vraagstukken zijn waar mijn tienerdagboeken vol mee staan.'

Omdat Tycho niets zegt vul ik ter verduidelijking aan: 'Dat vind ik ongelooflijk teleurstellend.'

'Willemijn, je maakt een vergissing. De thema's in ons leven blijven hetzelfde en we blijven ze tegenkomen. Zie je leven als een spiraal. Soms ben je in het donker, soms in het licht. De manier waarop je die thema's kunt bezien zal anders zijn als je hoger op die spiraal belandt. Zie het als groei, Willemijn, dat je nu naar dezelfde thema's kunt kijken maar met een rijker repertoire en misschien, als ik me niet vergis, met beduidend meer mildheid dan tien of twintig jaar geleden.

En er is nog iets, Willemijn. Toen jij bij mij kwam, had je alle reden om bang te zijn voor de woestijn. Inmiddels heb je je sandalen ingeruild voor laarzen. Je hoeft de woestijn niet langer te vrezen.'

Deze intieme details bespreek ik niet met mijn collega's, maar wel laat ik soms vallen dat ik een gesprek voer met een priester of dat ik cursussen volg. Het nieuws verspreidt zich sneller dan ik voor mogelijk houd. Op mijn afscheidsreceptie is een hoogleraar aanwezig die drie jaar geleden mijn collega was. 'Ik hoor dat jij godsdienstwaanzinnig bent geworden. Klopt dat?' Hij geeft me een boek van Richard Dawkins cadeau, en met een grote glimlach zegt hij dat ik de opdracht maar eens goed moet lezen.

> Voor Willemijn. Opdat je voor het rechte pad van het atheïsme behouden blijft.

Gelovigen zijn vliegensvlug om mij tot 'hun' club te rekenen: of het nu orthodoxe christenen, blije jezusomhelzers, traditionele katholieken of vrijgemaakt gereformeerden zijn. Ze laten allemaal blijken, op meer of minder subtiele wijze, dat ze weten dat ik een van hen ben. Dit claimeffect had ik niet voorzien. Met de religie van menig gelovige heb ik minder op dan met de levensinstelling van een warmbloedige atheïst.

'Nou ja, wij hebben geleerd om verloren zonen weer op te nemen, nietwaar?' zegt een hoogleraar vaderlijk na een gesprek met een PhD-student die eerst wilde stoppen maar nu toch weer wil doorgaan.

Ze voegen een dichtregel of psalmregel toe onder aan hun e-mail, of ze parafraseren een Bijbels verhaal, ze vertellen over een preek of nemen een boekje van een theoloog mee dat een goede recensie in *Trouw* had. Een hoogleraar, orthodox-katholiek, maakt het wel heel bont. In een e-mail waarin hij schrijft waarom hij het niet eens is met mij en het beleid dat ik uitvoer citeert hij een paar regels van een zeer bloedige psalm, waarin het niet goed afloopt met de heerser.

Ik ben nog helemaal niet klaar voor de etiketten die de buitenwereld op mij plakt. Iedereen lijkt te weten waar ik me bevind op de schaal van religieus-zijn. Nu ik nog.

Er is bijna een jaar verstreken. In mijn nieuwe baan voel ik me als een vis in het water: de basis voor het contact met mijn collega's is onderling vertrouwen en ik heb mijn autonomie terug. Thuis is het, bij vlagen dan toch, gewoonweg gezellig. Vaker wel dan niet besef ik dat ik er niet uit kan vallen.

Toch blijf ik onrustig. Mijn leven kabbelt – en dat is al beter dan het stuurloos dobberen van de voorgaande jaren. De zoektocht naar meer (lol), beter (vriendschappen, intimiteit) en dieper (vervulling) zet ik voort. Ik bezoek workshops, studeer op rituelen en las periodes van stilte in. En dan zegt mijn klasgenootje van de lagere school weer: snelheid is evenwicht. Ik moet iets veranderen om weer verder te komen.

Ik hik aan tegen de boodschap die ik aan Tycho wil overbrengen. Ik heb veel aan de gesprekken met hem gehad en ik koester onze band. Maar voor de voortzetting en verdieping van mijn zoektocht denk ik dat ik meer kan leren als ik andere wegen ga bewandelen.

Ik ben bang dat hij gekrenkt zal zijn wanneer ik aankondig dat dit het einde is van mijn leerlingschap. Hij vindt het vast arrogant van mij dat ik nu al ben uitgeleerd bij hem.

'Ik ben het helemaal met je eens. Jij bent je eigen meester aan het worden. Ik zag dit al een tijdje aankomen.' Hij last een pauze in en vervolgt: 'Zoals je misschien weet, maak ik deel uit van een intervisiegroep waarin we onze levensweg en -vragen kunnen delen. In deze groep zitten een psychiater, een zenlerares, een lekendominicaan en ik. Ik heb bij hen verkend of de groep ook openstaat voor jou, als je dat zou willen natuurlijk. Ze hebben gezegd dat je van harte welkom bent.'

Ik hoef niet lang na te denken over dit aanbod. De hele zoektocht en vooral het groeien, het volwassener worden van mijn religieuze besef heeft me veel gebracht, maar het maakt ook eenzaam. Soms heb ik sterk de behoefte om een inzicht, een ervaring, een moment van persoonlijke groei, ontzag, frustratie of mijn twijfel te delen. Tycho is de enige met wie ik mijn religiositeit, want zo ben ik het toch maar gaan noemen, bespreek.

R. is gevoeliger voor esthetiek dan ik en draagt met enige regelmaat nieuwe teksten aan van Rilke, Rumi of andere groten. Maar als ik hem wil uitleggen wat ik precies meemaakte op dat kloosterkamertje, of tijdens de wandeling toen ik even onder de boom stond, kan ik dat niet goed overbrengen. Ook mijn godsverlangen, dat onregelmatig maar telkens opnieuw met golven mijn leven in stroomt, mij overspoelt en zich dan weer terugtrekt, kan ik niet goed verwoorden.

Bij het weggaan bevestig ik nog eens mijn lidmaatschap van de intervisiegroep. Als ik mijn jas aantrek, zeg ik ietwat aarzelend: 'Het zal wel wennen zijn voor mij, Tycho. Vanaf nu zal ík jou dus helpen op jouw weg?'

'Dat deed je allang,' zegt Tycho, en hij klopt me lachend op mijn schouder.

De goeroe

2016
Kosten: twee weken retraite in Costa Rica à
2450 US dollar per week, plus vliegticket

'Iedereen denkt dat seks iets speciaals is, of zelfs heilig. Dat is een misverstand. Je kunt net zo goed sushi met elkaar eten.'

De zaal lacht.

'Heeft iemand vragen?'

Floris Seriese heeft net een dik uur een toespraak gehouden. Relaties, opvoeding, verslavingen en verveling kwamen voorbij. Seriese is tegen de zeventig jaar en hij lijkt zowel ouder – lichamelijk – als jonger, door zijn lenigheid van geest. Hij durft alle vaststaande meningen, gewoontes en handelswijzen te betwisten. Hij daagt alles en iedereen uit. Een jonge hond.

Ik val als een blok voor hem. Het is een mooie man. Zijn grijszwarte, halflange haar krult in zijn nek. Hij is snel, grappig. Tikkie arrogant. Ad rem. Hij draagt een spijkerbroek en een openvallend houthakkersshirt. Hij lacht veel. Soms alleen met zijn ogen, maar vaak ook voluit en dan zie ik een gapend gat in zijn gebit. Ook dat maakt hem niet minder aantrekkelijk. Het zijn namelijk niet zijn looks maar het is vooral zijn uitstraling, een onweerstaanbare combinatie van onverschrokkenheid, intelligentie en stoutmoedigheid.

Zojuist bekeek ik alweer een video van hem. Mijn beperkte freudiaanse bagage is voldoende om mijn grenzeloze bewondering te wantrouwen. Deze man is slechts een paar jaar jonger dan mijn vader en er zijn meer overeenkomsten. Floris Seriese groeide op in Nederlands-Indië, net als mijn vader. De jappenkampen hebben hem en zijn familie getekend, zoals dat ook bij mijn vaders familie het geval is. Zoek ik bij hem wat ik bij mijn vader hoopte te vinden, of vind ik zijn leer interessant? Ik kan er nog geen antwoord op geven.

Anders dan Adri scoort Seriese voor mij aanzienlijk hoger op de goeroegraadmeter. Hij neemt vanzelfsprekend ruimte in. Als hij een kamer binnenkomt, zijn alle ogen op hem gericht. Als hij relativerende grapjes maakt over zichzelf, lacht de zaal, maar in de wetenschap dat het niet waar kan zijn wat hij zegt – zelfspot is immers alleen weggelegd voor de allergrootsten.

Ik ben hem op het spoor gekomen door een vriendin van Janneke. Gezamenlijk woonden we alweer een workshop bij en in een pauze viste die vriendin een dikke, beduimelde blauwe pocket met gouden letters uit haar tas. Dit boek was het beste wat haar ooit was overkomen.

Ik bladerde erin. Het kleine lettertype en de formele lay-out waren onooglijk. Elke alinea was genummerd, en daarbinnen had elke afzonderlijke zin weer een cijfer, net als in de Bijbel. Ik bedankte voor de tip en wist zeker dat ik deze afslag aan mij voorbij zou laten gaan.

Een week later ben ik bij Tanya. Ze is zeer te spreken

over een boek waarmee ze kennis heeft gemaakt. Ken ik *A Course in Miracles* al? Zo gaat het nog een paar keer en bij aanbeveling nummer vijf besluit ik het boek te bestellen. Ik lees de eerste pagina niet eens uit. Niet om door te komen. Wat een stramme, stroeve, gekunstelde tekst.

Ik lees iets meer over de achtergrond van dit boek en ook van de stichting die het heeft uitgegeven. Het blijkt een hit, met meer dan twee miljoen verkochte exemplaren, en wereldwijd houden studieverenigingen en leesclubs zich ermee bezig. De positieve bespreking in de *The Oprah Winfrey Show* heeft zeker bijgedragen aan dit succes. De waardering voor de leer varieert van een hedendaagse versie van de Bijbel die belangrijke correcties aanbrengt waar we de tekst verkeerd hebben begrepen – en dat gaat vooral over het misverstand van schuld en boete – tot het oordeel dat een oplichtersbende een boek vol ongefundeerd newagepsychogebabbel heeft voortgebracht.

Ik ben niet de enige die de tekst niet op eigen houtje kan begrijpen. Een aanzienlijke schare – opvallend genoeg uitsluitend mannen – verdient z'n brood met de uitleg van dit vuistdikke boek. Ik lees een paar lijvige boeken van gecertificeerde trainers waarin wordt uitgelegd hoe we deze nieuwe Bijbel moeten verstaan. Het resoneert nog niet bij mij. De reden dat ik het blijf proberen is Floris Seriese.

In mijn verkenning van *A Course in Miracles* kwam ik filmpjes van hem tegen en die intrigeerden me vanaf het eerste moment. Hij heeft een methode ontwikkeld om in vrede te leven. Hij ziet ACIM, zoals insiders het boek noemen, niet als een nieuwe Bijbel maar veeleer als een complete handleiding voor de beste mindtraining die hij kent. Het vergt even wat inspanning, maar dan ben je van je verslavingen af, weet je precies wat te doen en te kiezen in relaties en zal je in vrede door het leven gaan. Om Seriese te begrijpen zal ik me dus door ACIM heen moeten worstelen.

Elke dag kent een eigen les, bijvoorbeeld: 'Vandaag zal ik over geen enkel voorval een oordeel vellen,' of: 'Ik zal vandaag niet bang zijn voor liefde.' De centrale gedachte van het boek is dat alles liefde is. Ik lees:

> Alles is ofwel een roep om liefde, ofwel een uiting van liefde.

Dit citaat gebruik ik vaak. Meestal mompelend in mezelf, soms hardop. Op een dag hoor ik onze kinderen twee verdiepingen onder mij met elkaar vechten. Ik ren de trap af. L. zegt opeens, terwijl ze keihard aan de haren van F. trekt en hij haar in een halve wurggreep met zijn knie op haar keel heeft: 'Is dit een roep om of een uiting van liefde?'

Ze beginnen allebei te lachen en de vechtpartij is ten einde.

Inmiddels is er een bescheiden organisatie om Seriese heen ontstaan die de beschikking heeft over een landgoed in Costa Rica. Dat oord is 365 dagen per jaar open voor mensen die op retraite willen, of het nu voor een week of voor een vol jaar is.

Op Facebook plaatst Seriese dagelijks een bericht. Meestal is dat een citaat van een van de grote mystici uit alle tradities, een anekdote, soms een foto van de uitbundige natuur in Costa Rica, of een video-opname van een lezing die hij ergens ter wereld heeft gehouden. Eens per maand houdt hij een fotowedstrijd. Op zijn Facebookpagina verschijnt een enorme close-up. Wie raadt van welk object dit plaatje een extreme vergroting is maakt kans op een gratis verblijf van een week in het spirituele oord in Costa Rica.

Op de dag waarop de nieuwe wedstrijd moet beginnen ververs ik de pagina een paar maal per uur tot ik de foto zie. Ik heb geen idee wat het zou kunnen voorstellen. Nerdvrienden heb je niet voor niets en ik stuur het plaatje op naar Jelte. Als hij al niet gewoon uit zijn hoofd weet wat het is, heeft hij vast en zeker een methode of een softwareprogramma waarmee hij kan achterhalen wat dit zou kunnen zijn. Binnen een halfuur heb ik antwoord. 'Het is zeewier. Om precies te zijn: *Bryopsis hypnoides*. Graag gedaan.'

'*And the winner is...* Willemijn. Gefeliciteerd. Tot gauw in Costa Rica!' schrijft Floris Seriese een paar dagen later op zijn Facebookpagina. Een bericht van Floris Seriese, aan mij persoonlijk! Ik gloei de hele avond en de volgende dag nog na.

Tijdens een etentje dat ik Jelte aanbied omdat hij de prijsvraag voor mij heeft opgelost vraagt hij wat ik nu precies heb gewonnen.

'Ik krijg een week gratis verblijf in het spirituele centrum. Maar een week haalt onvoldoende uit, zei de dame die ik belde om de reservering te bespreken. Ze raadde aan om minstens twee weken te gaan. Die week heb ik dus zelf bijgeboekt.'

'Wat ga je daar doen dan?' wil hij weten.

'Ik volg een programma. Yoga, mediteren, groepsgesprekken. En meetings met Floris Seriese.'

'Aha. Dus resultaat van het winnen van de wedstrijd is dat jij een week betaalt, terwijl je als je niets had gewonnen niets had uitgegeven bij deze organisatie?' informeert Jelte.

'Zo kun je het zien.'

'Goeie marketingtruc van hen. En verder? Betalen zij jouw vliegticket?'

'Welnee, dat moet ik natuurlijk zelf betalen.'

'Haha! Weet je wat het grapje vroeger bij ons in het dorp was, als je bingo had? "Je hebt een voetreis naar Rome gewonnen." Gefeliciteerd, met je voetreis naar Costa Rica!'

Mijn man en ik hebben in onze achtentwintigjarige relatie geregeld periodes ver van elkaar, op andere continenten doorgebracht, maar nog niet eerder was ik twee weken lang weg bij onze kinderen, die inmiddels dertien en elf jaar zijn. Ook voel ik me er schuldig over dat ik zo veel geld aan mezelf uitgeef, en dat ik R. laat opdraaien voor de dubbele shifts thuis. R. geeft me het laatste zetje om over mijn twijfel en schuld te stappen. 'Ga nu maar. Je wilt het zo graag. Wij redden het hier echt wel twee weken zonder jou.'

Aan mijn collega's vertel ik dat ik naar Costa Rica ga, maar ik zeg niets over het feit dat ik zonder gezin ga, of wat het doel van mijn reis is. Zó transparant ben ik nu ook weer niet.

Op mijn wekelijkse bootcampklasje ben ik minder op mijn hoede en vertel ik dat ik komende tijd niet kom trainen omdat ik op vakantie ga. Twee weken. Naar Costa Rica. Ja, in mijn eentje, zonder man of kinderen. Ja, luxe hè, dat dat kan. Ja, mijn man vindt dat goed. De vragen gaan door. De reden dat ik alleen ga? Het is een spiritueel oord en dat is niets voor mijn man, laat staan voor mijn kinderen.

Een buurvrouw haakt plotseling in: spiritueel oord in Costa Rica? Het is toevallig toch niet Floris Seriese?

Ik had nooit gedacht dat iemand uit dit nieuwbouwwijkje hem zou kennen en ik knik wat schuchter. Ik voel me betrapt.

'Wat een bak! Bij Floris Seriese! Haha! Zijn dochter is een studievriendin van mij. Nou, die heeft wat te stellen hoor, met haar vader. Je weet dat hij nu weer een nieuwe vriendin heeft, hè? Nog jonger dan wij! Ja, dat vindt zijn dochter ook niet gemakkelijk hoor. Dit is al de derde op rij na zijn eerste huwelijk of zo, ik ben de tel kwijt. Ze worden in ieder geval steeds jonger, haha!'

Tien jaar geleden bezochten we met het gezin een voorstelling van een klein familiecircus aan de rand van Rotterdam. Er was een act met een Spaanse zwepenzwierder. Hij zwaaide met zijn lange losse haren, klakte gevaarlijk met zijn zwepen en keek het publiek uitdagend in de ogen. Wat een man.

Voor F., toen nog een baby, was de muziek en het licht van de circusvoorstelling te veel van het goede. Hij huilde en spartelde. Met hem op mijn arm verliet ik voortijdig de circustent. Even frisse lucht. Ik maakte een ommetje om de tent en de wagens van de circusartiesten. Op de terugweg zag ik een man uit een caravan komen. Hij hield zich vast aan de deuropening en legde een deurmatje recht op het ijzeren opstapje. Zijn haren werden bijeengehouden met een kinderachtige haarband en hij liep op badstof sloffen. Zijn viezige, gevlekte kamerjas hing open over een glitterpak. Ik keek nog eens goed en zag dat het de artiest van zojuist was. Er was nog maar heel weinig over van de sensuele zwepenzwierder.

Backstage gaan bij een idool is geen goed idee en ook nu in het bootcampklasje zit ik helemaal niet te wachten op informatie over de vader-dochterrelatie van mijn goeroe. Ik verander van onderwerp door te informeren naar de vakantieplannen van mijn buurvrouw. Mensen praten altijd liever over zichzelf en verdere details over het leven van Floris Seriese blijven me bespaard.

Op een zaterdag in mei kom ik aan op een vliegveld in Costa Rica. De nacht is klam. Een medewerker van de organisatie wacht me op en brengt me met een jeep naar het spirituele centrum, eerst over de snelweg, dan een lang stuk over een hobbelige, onverlichte weg. Als hij de autolampen dooft, besef ik pas hoe donker het kan zijn – veel donkerder dan de nachten in Rotterdam. We lopen een pad af en ik ruik en hoor de jungle. We hebben een zaklamp nodig om onze weg te vinden. Langs het pad naar mijn kamer hoor ik luid gekwaak van kikkers. De medewerker laat me mijn kamer zien en wenst me een goede nacht. Tot morgenochtend, om halfzeven bij de yoga!

Hoewel ik meer dan vierentwintig uur heb gereisd, kan ik nog niet onmiddellijk slapen. Verdorie, ik ben vergeten te vragen of ik hier water uit de kraan kan drinken. Mijn flesje water is leeg en mijn keel is kurkdroog. Ik bedenk dat ik best zes uur zonder water moet kunnen, en dat het risico van vervuild water drinken en een rare ziekte oplopen groter is dan een paar uur dorst. Ik inspecteer het badkamertje. De insecten die er zitten zijn allemaal minstens driemaal zo groot als in Nederland. En veel kleurrijker. Ik sluit de deur van de badkamer zodat de insecten als het ware achter slot en grendel zitten.

Ik kijk rond in mijn kamertje voor de komende twee weken. Een bed, een tafel en een stoel. Boven mijn bed zit een schorpioenachtig beest, maar dan doorzichtig. Bestaan er roze doorzichtige schorpioenen? Hoe giftig zijn die? Ik doe mijn sandaal uit en plet met alle kracht die ik in me heb dit enge beest. Om de plakkerige smurrie te verwijderen heb ik wc-papier nodig, waarvoor ik dan weer naar de badkamer met de enorme insecten moet. Waar ben ik aan begonnen? Waarom kies ik nooit voor een week Ibiza in een vijfsterrenhotel? Met moeite verwijder ik het karkasje van de doorzichtige schorpioen van mijn slipper en als ik de prop wc-papier wil weggooien, zie ik op tafel een geplastificeerd A4'tje liggen.

Regels van het spiritueel centrum
1 Alle elektronische apparaten moeten worden in-

geleverd bij de leiding: telefoons, notebooks, iPads, laptops en andere elektronische apparaten zijn niet toegestaan.

2 Paspoorten, portemonnees, geld, creditcards worden eveneens ingeleverd bij de leiding. Zij zullen de persoonlijke documenten in een kluis bewaren. Dit is voor jouw eigen veiligheid.

3 Het gebruik van drugs, alcohol of andere verdovende middelen is niet toegestaan tijdens het verblijf, niet binnen en ook niet buiten het spirituele oord.

4 Elke dag kent een vast programma. De deelnemer verplicht zich om mee te doen aan alle onderdelen van het programma. Uitzondering is alleen mogelijk na expliciete toestemming van de leiding.

5 De deelnemers verplichten zich om op het terrein van het spiritueel centrum te blijven. Het is verboden om het terrein te verlaten zonder voorafgaande expliciete toestemming van de staf.

6 Seksuele of liefdesrelaties met andere deelnemers of met stafleden zijn verboden.

7 Ontmoetingen met andere deelnemers kunnen uitsluitend plaatsvinden in de gemeenschappelijke ruimtes. Bezoek op de individuele kamers is verboden.

8 Tot 12.00 uur wordt er niet gesproken.

9 Na 21.00 uur gaat ieder naar zijn eigen kamer om te mediteren, te lezen of te slapen.

10 Indien de deelnemer het programma voortijdig

wil verlaten, kan hij/zij een gesprek aanvragen met een staflid. Deze zal minimaal 36 uur bedenktijd inlassen en overleggen met de andere leden van de staf welke beslissing in het belang van de deelnemer is.
11 Het is verboden om dieren te doden, en dat geldt ook voor slangen, schorpioenen en insecten.
12 Het corveerooster...

Waar ben ik beland? Dit lijkt wel een rehab, met al deze strikte regels. Ik ben zo vaak op retraites geweest. Altijd was daar de mogelijkheid om te kiezen wat bij je past en wat je belangrijk vindt. Niet eerder ben ik beroofd van mijn vrijheid.

Creditcard en telefoon inleveren? Hoe zeker weet ik eigenlijk dat dit geen sekte is?

Had ik kunnen weten dat deze organisatie deze belachelijke regels hanteert? Heb ik me te slecht voorbereid? Ik heb alleen alle video's van Seriese bekeken en de testimonials over dit centrum gelezen. Wie weet of die niet allemaal nep zijn? Ik ken niemand die iemand kent die hier is geweest.

Verdomme. Hoe heb ik mezelf zo kunnen uitleveren? En er is ook nog eens geen water.

Uit voorzorg verstop ik een van mijn creditcards in mijn toilettas. Met een droge keel ga ik op bed liggen. Ik app naar R. dat alles goed is en dat ik nu ga slapen – morgen zal ik lachen om mijn eigen ongerustheid en ik wil hem niet nodeloos ongerust maken.

Mijn plan is als volgt. Ik zal de regels een beetje omzeilen. Als ik de leiding uitleg dat ik heus niet verslaafd ben aan mijn telefoon en dat ik zo een beetje contact houd met mijn kinderen, van wie ik niet eerder twee weken lang gescheiden ben geweest, zullen ze daar wel begrip voor hebben. Ze zullen inzien dat die gevangenisregels niet nodig zijn voor mij.

De kikkers kwaken alarmerend hard.

Na twee uur fantastische yoga en het ontbijt is mijn intakegesprek in het kantoortje. De ventilator zoemt boven het bureau maar brengt nauwelijks verkoeling. De dienstdoende medewerker wil dat ik hardop alle regels oplees die ik gisteren al heb doorgenomen, en dat ik vervolgens zeg: 'Hiermee stem ik in.' Wat een kinderachtig gedoe. Ik haper bij het hardop en expliciet instemmen en hij schetst nog eens de achtergrond bij de verschillende regels. Zo hebben zij een goed beveiligde kluis, en áls er dan ingebroken wordt in mijn kamer zijn mijn spullen in ieder geval veilig.

Mijn bezwaar is dat ze mij behandelen als een of andere verslaafde of een anderszins labiele persoon. Ze kunnen toch wel zien dat ik er niet zó slecht aan toe ben?

Hij geeft geen krimp. Regels zijn regels. Nee, ze maken geen uitzondering.

Ik dub.

De conformist in mij wint, niet voor de eerste keer. Ik zeg dat ik nog een appje zal sturen naar mijn man en kinderen zodat ze weten dat ik de komende twee weken uit de lucht ben. Het staflid blijft naast me staan terwijl ik het laatste appje verzend en steekt zijn hand uit om mijn telefoon in ontvangst te nemen. Alsof ik beland ben in een slechte film over een kostschool.

In mijn schriftje teken ik een schema met de dagen van de week, twee rijen onder elkaar. In het vakje 'Zaterdag' zet ik vast een kruisje. Nog dertien dagen te gaan in deze zelfgekozen gevangenis. Al deze ontberingen om Floris Seriese te ontmoeten.

Afgezien van de intake is het kringgesprek het eerste moment van de dag waarop wordt gesproken in het Spiritueel Centrum. Een vrouw van mijn leeftijd uit Ierland, een dame van rond de zestig uit Canada, een Duitser van onbestemde leeftijd en een jonge gespierde vent uit Florida, type mooiboy, stellen zich voor.

De leider van de gespreksgroep vraagt wie ik ben en waarom ik hier ben. Terwijl ik aan het woord ben zie ik mezelf daar zitten, door de ogen van die surfjongen uit Florida. Vrouw, middelbare leeftijd, moeder van twee kinderen, al achtentwintig jaar met dezelfde man, vaste baan. Beetje gedoe om de zin van het leven te vinden. En die uitschieters met alcohol mogen ook wel wat minder. Gaap. Wat een standaardverhaal, wat een fantasieloos bestaan.

Ik mag mezelf dan door zijn ogen bekijken, die jongen zelf zegt niets en kijkt nauwelijks. Hij is hier eergisteren door zijn stiefvader naartoe gebracht om af te kicken van een cocaïne- en drankverslaving. Hij rilt af en toe en houdt zijn ogen dicht en trekt zijn pet zo diep mogelijk over zijn ogen. Soms slaakt hij een kreet, van pijn of verveling, dat weet ik niet.

Ik maak kennis met de methode. Het is wat onwennig om te zeggen dat ik onbegrensde liefde ben, dat mijn waarde niet afhangt van wat anderen vinden of welke cadeaus of banen ik wel of niet krijg. Mijn waarde is intrinsiek en allang bepaald. Daar kan niets of niemand nog iets aan veranderen. In mijn eerste kringgesprek spreek ik deze formules zo'n zes keer uit. Nu moet ik er alleen nog in gaan geloven, in die intrinsieke waarde van mezelf.

Floris Seriese is weliswaar niet zelf aanwezig op deze eerste dag, maar in elke drie zinnen komt hij wel voorbij. 'Floris zegt altijd...', 'Floris maakte een keer mee dat...', 'Les 20 uit ACIM is volgens Floris belangrijk om...' Alle stafleden zijn door Seriese persoonlijk uit de goot getrokken. Soms wordt een van de gasten geroepen voor een Skypegesprek met Floris. Dan veert iedereen op en als die persoon na een halfuur of uur terugkomt, glimt hij nog na. Het was weer '*amazing*' geweest.

Ik wil niet aan hen bekennen, en misschien zelfs nog minder aan mezelf toegeven, dat ik Floris' aanwezigheid belangrijk vind, en ik laat bewust na om te vragen waar hij nu is en wanneer ik hem kan verwachten en wanneer ik in aanmerking kom voor zo'n Skypegesprek. Ik voel me te goed om zo'n gewone groupie te zijn.

In de vele loze ogenblikken voelt het gemis van mijn telefoon als fantoompijn. Ik denk meerdere keren dat ik een piepje hoor dat me attendeert op een appje, of ik hoor hem trillen op de formicatafel. Maar er is helemaal geen telefoon, die ligt in de kluis op het kantoortje. Nu pas merk ik hoeveel momenten ik dood met een beetje scrollen tussen de foto's van zelfgebakken taarten van de zus van mijn buurman en de vakantiekiekjes van mijn collega's.

In de avond, weer onder het gekwaak van de kikkers, zet ik het tweede kruisje in mijn schrift. Nog twaalf dagen te gaan.

In het kringgesprek op dag drie word ik grondig onder de loep genomen. Ik leg zo genuanceerd mogelijk uit waarom ik nu niet het leven leid dat ik zou willen leiden, wat er ontbreekt, en dat ik tegelijkertijd mezelf ook een verwend nest vind omdat ik ontevreden ben, en dat ik inmiddels zoveel heb gestudeerd op mijn persoonlijke ontwikkeling, en tig spirituele boeken heb gelezen, en workshops heb gevolgd, dat ik toch wel alle inzichten en tools zou moeten hebben om er een leuk leven van te maken. Bovendien wordt mij op geen enkele manier een strobreed in de weg gelegd. Ja, ik ben hoofdkostwinner en er moet geld voor het gezin verdiend worden. Maar ik zou gemakkelijk een andere baan kunnen nemen, als ik maar wist wat ik zocht. Ik weet uit de boekjes wat ik aan mezelf en aan mijn leven zou moeten veranderen, en ik kan het allemaal prima verwoorden, maar ik doe het niet.

'Hoe noem je iemand die niet doet wat hij zegt?' intervenieert de facilitator. Ik denk na.

De surfjongen, die tot nu toe onderuitgezakt in zijn stoel heeft gehangen en niet de indruk wekte dat hij meeluisterde, geeft het antwoord in mijn plaats: 'Een bullshitter.'

Op de vierde dag vraag ik, gestudeerd terloops, of we Floris Seriese een dezer dagen nog kunnen verwachten. Het staflid antwoordt dat Floris zijn reisschema heeft moeten aanpassen wegens persoonlijke omstandigheden, zij hebben er zelf ook last van met de organisatie, hij is moeilijk bereikbaar, gisteren nam hij de hele dag zijn telefoon niet op, en het is ongewis of hij deze of volgende week nog naar het centrum komt, en zij zitten ook met de autorisatie voor een groot renovatieproject in hun maag.

'Het is ongewis of hij komende weken nog naar Costa Rica komt?' herhaal ik.

'Laat ik eerlijk tegen je zijn. De kans is groot dat hij komende week niet komt.'

'Maar ik vertrek over tien dagen!'

'Dan is de kans heel klein dat je hem nog zult zien. Dat is pech, zeg.'

Bij de afwas zegt de surfjongen, die Louis heet, dat de kans niet klein maar nihil is dat ik Seriese hier zal tegenkomen. Seriese heeft relatieproblemen. Hij is met een nieuwe chick en hij trekt momenteel uit bij zijn oude partner.

'Hoe weet jij dat allemaal?' vraag ik hem.

'Hij vertelde het, tijdens de *Skypecall* vandaag. Nou ja, hij zei niet chick. Hij had het over *the Love of his Life*.'

Hij ziet me schrikken en zegt dan lachend: 'Geen Floris om jou te fiksen, Wilhelmina. Je zult het met mij moeten doen.' Hij vraagt me vervolgens naar de coffeeshops in Nederland en of je echt overal harddrugs en softdrugs kunt kopen.

Ik ben blij met deze verandering van gespreksonderwerp.

Om zeven uur in de avond valt de pikzwarte nacht in Costa Rica. Met een zaklantaarn vind ik mijn weg van de centrale eetruimte boven op de heuvel van het landgoed naar mijn kamer. Ik zit op de schommelstoel op het binnenplaatsje voor mijn kamer en probeer mijn plan op te stellen. Wat te doen nu ik weet dat Seriese niet zal komen?

Van de stafleden kan ik niet zoveel verwachten. Zij zijn allemaal minder belezen dan ik. Het enige wat zij beheersen is het boek *A Course in Miracles* en bij elk issue dat voorbijkomt citeren zij een les. Als ik doorvraag, of als ik de tekst vergelijk met een leidende gedachte uit een andere traditie, vallen ze stil. Ze ontberen de bagage om het handboek te overzien en in een context te plaatsen.

Een ander bezwaar tegen de staf is dat alle leden, zoals wel meer mensen in de spirituele hoek, te typeren zijn als *wounded healers*. Hun ongeluk of trauma was ooit de aanleiding om dit vak te gaan beoefenen en ze dragen die gapende wond nog steeds met zich mee. Ze bezien mijn situatie vrijwel altijd vanuit hun eigen perspectief van mishandeld kind, of ex-drugsverslaafde, of wat hun persoonlijke geschiedenis dan ook moge zijn. Dat die situatie niet op mij van toepassing is lijkt maar moeizaam tot hen door te dringen.

Mijn grootste bezwaar tegen de leiding is dat zij Floris Seriese verafgoden. Als ik vraag waarom iets op deze manier gebeurt, is het antwoord altijd dat Floris het zo heeft gewild of dat Floris zegt dat het zo moet. Hoe kan ik deze mensen dan serieus nemen?

Weet je wat, ik ben hier niemand iets verschuldigd. Ik check hier morgen uit. Mijn vlucht omboeken zal duur zijn want ik heb het goedkoopste ticket gekocht dat beschikbaar was. Hier blijven heeft geen zin want zonder Seriese zal de door mij gewenste omwenteling niet tot stand komen. Costa Rica is te mooi om vanuit deze gevangenis te beleven. Ik ga een goed hotel aan de kust boeken en dan maak ik er een relaxte vakantie van.

Zo ga ik het doen. Ik kan nu nog niets regelen of bekijken, want ik heb geen toegang tot internet.

Even later valt me in dat het centrum die regel hanteert van zesendertig uur bedenktijd als je besluit om te vertrekken. Dan zit ik hier voorlopig nog wel even vast, als ze me überhaupt al laten gaan. Ik had mijn spullen nooit moeten inleveren. Ben ik daar nu zesenveertig voor geworden, om dit soort basale vrijheden in te leveren?

Het is te vroeg om te gaan slapen en bovendien ben ik te kwaad op de organisatie, op Seriese en op mezelf. Bij gebrek aan mijn telefoon blader ik wat in een boek dat ik heb meegenomen uit de centrale ruimte. Preken van Meister Eckhart. Niet om te bestuderen maar om de tijd te doden.

Ik sla het boek op een willekeurige pagina open en ik lees dat sommige mensen menen dat er voor hen een ander leven mogelijk is waarin ze veel gelukkiger zouden kunnen zijn. Als ze toch maar dit... en als ze maar niet dat... Welnu, Meister Eckhart stelt dat het arrogant is om te denken dat God een betere versie van ons leven achterhoudt. Het is niet zo dat wij een parallel leven zouden kunnen leiden dat beter voor ons zou zijn. Dit leven, hier en nu, met álle gebeurtenissen (dus niet de gunstige wel en de nadelige niet) is het beste wat ons kan overkomen.

Natuurlijk hadden wij liever alleen maar lof, gezondheid, liefde, voorspoed en rijkdom gehad. Dat komt doordat wij niet weten waarom sommige gebeurtenissen ons toevallen. We moeten erop vertrouwen dat God het zo voor ons uitstippelt, dat we juist die dingen meemaken die we het hardste nodig hebben. Begrijpen kunnen en zullen we het niet. Heb vertrouwen in het pad dat God voor ons ontvouwt.

Ik sluit het boek met de preken.

Ik vraag me af of er een alomvattende oerbron is die mijn hele leven bepaalt. Maar laat ik deze preek eens als gedachte-experiment uitwerken. Stel dat dit, mijn verblijf hier in de strafinrichting in Costa Rica, de beste situatie zou zijn die mogelijk is voor mij. Dan vindt de kosmos het kennelijk beter voor mij dat de goeroe niet komt opdagen.

Misschien, heel misschien, heeft dat universum wel een punt. Wat zou alweer een nieuwe leermeester mij kunnen vertellen wat al die andere workshops, goeroes, healers, sjamanen en priesters mij nog niet hebben laten zien? Bovendien valt te bezien wat ik zou kunnen leren van iemand wiens seksdrive groter is dan zijn werkethos.

De afgelopen dagen heb ik me onledig gehouden met wat infantiel verzet tegen de regels. Wat nu als ik dit belachelijke strakke regime voor mij laat werken? In plaats van dat de structuur me gevangenhoudt zullen deze leefregels me helpen om mentaal en fysiek fitter dan ooit terug te keren naar Rotterdam. Wat kan ik hier oefenen, op deze plek, met deze mensen, in dit huis van regels, wat ik thuis niet of moeilijker zou kunnen?

De dosis yoga verhoog ik van een- naar tweemaal per dag. Ik besluit dat ik optimaal gebruik zal maken van mijn telefoonloze bestaan en zal mediteren tot ik erbij neerval; dat ik me zonder reserves zal storten in de kringgesprekken om werkelijk al mijn problemen en issues, groot en klein, fundamentele problemen en dagelijkse irritaties, voor eens en voor altijd op te lossen, en dat ik ga slapen en uitrusten zoals ik in geen jaren heb gedaan. Om te beginnen vanavond, en ik lig voor negen uur te slapen.

Om halfzes in de ochtend, nog voor de wekker gaat, word ik gewekt door de apengeluiden uit het oerwoud. Ik heb ze de afgelopen dagen al zien zwieren in de bomen vlak bij mijn kamer. Ik ben uitgerust en sta op. Op weg naar de gemeenschappelijke ruimte, waar ik een kop thee wil maken, zie ik opeens de waanzinnige, uitbundige natuur hier in Costa Rica. Een kolibrie hangt biddend voor een bloem, een glanzende groen-rode kikker blijft op me zitten wachten als een trouw hondje, vlinders in neonkleuren dansen om elkaar heen. Hoe heb ik dat de afgelopen dagen nu niet kunnen zien?

De twee uur durende yogales is een fijne manier om de dag te beginnen. Bij een oefening waar het niet alleen aankomt op lenigheid maar vooral op kracht haakt de surfjongen als eerste af. De dames houden het allemaal langer vol dan hij. Hij verontschuldigt zich. 'Het lijkt wel heel wat, al die spierbundels hier,' en hij wijst op zijn schouders en bovenarmen, 'maar ik heb alleen maar geïnvesteerd in breedte en volume. De kleine spieren trainde ik niet omdat je dat toch niet zag. Ik ben slapper dan jullie. Ik weet het.'

De juf zegt dat yoga geen wedstrijd is en dat het erom gaat dat je doet wat je kunt.

'Yeah yeah,' zegt hij. 'Maar ik leg het mooi wel af tegen middelbare vrouwen.'

De kring wordt spannender nu ik zaken aan de orde stel die me raken. Voor het eerst staat er echt iets op het spel... Ik heb nagedacht over de thema's die ik wil inbrengen en de lijst is veel langer dan ik aanvankelijk dacht.

Het gaat over mijn heilloze spiraal van almaar extremere nachtelijke uitspattingen ter compensatie van mijn kleurloze dagen, over het hoofdkostwinnerschap dat zwaarder op mij drukt dan ik tot nu toe heb willen toegeven; ik bespreek het oud zeer van mijn jeugd, het niet gezien worden, waarvan ik vind dat ik er allang overheen had moeten zijn. Waarom verveel ik me toch altijd zo snel? Is het mogelijk dat ik mijn schuldgevoel afwerp over het uitgeven van geld aan luxezaken? Ik vind dat ik, met mijn zesenveertig jaar, eindelijk een punt moet zetten achter het streven naar kilo's eraf of twee kledingmaten kleiner. Nee, dat is nog niet genoeg. Ik wil goed in mijn vel zitten. Niet als ik mijn streefgewicht heb bereikt, maar hier en nu. Wat is de reden dat ik overdreven gevoelig reageer op het feit dat mijn verjaardag (die in de zomervakantie valt) door mensen vaker niet dan wel wordt gememoreerd en dat ik maar niet over die ene keer heen kom dat iedereen, inclusief man en kinderen, mijn verjaardag was vergeten? Ik wil liever zijn voor R. en ik wil meer met hem lachen. Met mezelf trouwens ook. Waarom slaap ik structureel toch te weinig? Ik wil me niet opwinden over de vrijheidsbeperking van een meisje als ik een vrouw in boerka met haar dochter zie lopen. Wat is de reden dat ik altijd op zoek ga naar de roes? De taken als mantelzorger bij mijn oom wil ik niet afraffelen en met tegenzin vervullen, maar ik wil liefdevol aanwezig zijn in zijn leven. Het is compleet zinloos om me op te winden over fietsers die op drukke fietspaden tegen het verkeer in fietsen of bij stoplichten de weg blokkeren. Kan ik die energie niet ergens anders voor gebruiken? Ik wil niet langer continu met plannen in mijn hoofd rondlopen voor het volgende uur of de volgende dag. Waarom lach ik de laatste jaren zo weinig? Ik wil me geen zorgen meer maken over de financiële zekerheid van de kinderen voor hun studie, voor later, ooit. De keuzes die ik maak, álle keuzes, wil ik uit liefde maken, niet uit schuld of angst. De riedel is nog langer.

De stafleden zeggen dat het hun opvalt dat ik het over vrijwel alle levenssferen heb behalve over het moederschap. Heb ik daar niets op te lossen? Ik hoef maar heel even na te denken. 'Ik geloof dat ik een lieve, warme moeder ben en nee, ik geloof niet dat ik daaraan hoef te werken.'

Nu pas bedenk ik dat dit antwoord een paar jaar geleden heel anders had geluid. Ongemerkt ben ik toch wel wat opgeschoten in mijn zoektocht, misschien.

Met mijn inzet van 'alles of niets' zijn die kringgesprekken opeens hard werken en niet zelden krijg ik niet alleen het meest directe maar ook het meest waardevolle commentaar van de surfjongen.

Overdag is het programma intens, maar ook 's nachts verzet ik bergen. Ik droom dat ik een nieuw huis aan het inrichten ben. Ik wil de meubels op hun plek zetten maar daar is nauwelijks ruimte voor. Dat komt door kartonnen dozen die tot het plafond zijn opgestapeld. Ik loop naar de dozen toe om te kijken wat erin zit. Het blijken dozen met wijnflessen. Waar ik ook kijk in mijn nieuwe huis: dozen met wijnflessen.

Ja, kosmos, ik heb het begrepen. En zo wordt er elke nacht weer een overduidelijke boodschap afgeleverd.

Tijdens een volgend kringgesprek kondigt het staflid aan dat ik misschien niet het gehele gesprek mee kan doen omdat ik weggeroepen zal worden voor een Skypecall met Floris.

Ik weet niet goed wie ik tegenover me zal krijgen: de goeroe voor wie ik naar Costa Rica ben gereisd, de vader van de vriendin van mijn buurvrouw, de man op leeftijd die zijn vrouw verlaat voor een jongere vriendin of de man voorbij middelbare leeftijd die zich liever bekommert om zijn privéleven dan om zijn professionele verplichtingen. Hij is dat inmiddels allemaal voor mij.

Seriese opent het gesprek door zich te verontschuldigen voor zijn afwezigheid. Het is anders gelopen dan hij vooraf dacht. Hij biedt aan om vanaf nu dagelijks te skypen, als ik daar prijs op stel. Ik ben nog pissig en teleurgesteld en reageer wat afgemeten.

Hij gaat in op mijn teleurstelling en maakt een grapje, 'of ik daar een proces van wil maken' – zo worden in dit centrum alle ergernissen en problemen aangepakt. We praten en het is meteen goed. Het is een gesprek. Hij luistert en heeft een breed repertoire. Hij is zo snel en ad rem als ik had gehoopt. Hij doorziet retorische trucs en is goedlachs. Hoewel ik hem bewonder als ervaren trainer en hij een goede sparringpartner voor mij is, val ik niet in katzwijm voor hem. Hij is goed, maar hij is niet mijlenver voor op mij.

In de afronding van het gesprek vraagt hij of ik *A Course in Miracles* ken. Als ik dat bevestig, raadt hij me aan les 46 te lezen. Hoezo juist deze les, vraag ik. 'Dat zal je meteen weten als je het boek daar openslaat.'

In mijn kamer lees ik:

God vergeeft niet omdat Hij nooit veroordeeld heeft. En er moet veroordeling zijn voordat vergeving nodig is.

Hoewel ik deze boodschap bij verschillende workshops en van diverse leermeesters heb gehoord, dringt zij nu pas echt tot me door. Ik hoef mezelf niet te veroordelen om mijn nachtelijke uitspattingen, drinkgelagen, aanhoudende zwaarmoedigheid, mijn hang naar de roes, carrièregedobber, geldverkwisting of wat dan ook.

En als ik mezelf niet veroordeel, valt mijn schuldgevoel ook weg.

Ik voel me verslappen, of nee, verzachten, zittend achter dat eenvoudige tafeltje. Het lijkt op het gevoel dat me soms overkomt tijdens de yogales. Je denkt dat je volkomen ontspannen bent, totdat de yogajuf je erop wijst dat je die spieren in je gezicht ook nog even moet loslaten.

Ik dacht dat ik al aardig op weg was met het omarmen van mezelf. Nu blijkt dat ik dacht: ik ben best acceptabel maar ik ben pas echt oké als ik die aspecten (droef gemoed, drank, nachten op pad, de eindeloze zoektocht naar zingeving) uit mijn leven heb gebannen en als ik andere onderdelen iets meer op orde heb (een baan, opgewekt mijn mantelzorgtaken vervullen, afvallen, minder geld uitgeven en meer sparen).

Na al die keren dat ik in verschillende verschijningsvormen kennismaakte met dezelfde boodschap voel ik nu pas voor het eerst echt waar het om draait.

Er is geen schuld.

Die nacht word ik wakker door glasgerinkel, gegrom, geschreeuw, gestommel. Het lawaai komt uit het kamertje naast mij, waar de surfjongen zit. Ik loop buitenom naar zijn kamer en klop op zijn deur. Het gestommel en lawaai gaat door en ik open zijn deur. Vanuit de deuropening zie ik hoe hij de stoel boven zijn hoofd houdt en daarmee tegen de spiegel ramt. Scherven vliegen in het rond. Er zit bloed op zijn handen en armen.

'Louis!' roep ik. Hij kijkt op, stopt heel even, en gaat dan weer door. Ik loop naar hem toe en pak hem stevig vast. Ik ben geen moment bang. Hij zet de stoel neer.

'Kom maar bij me. Kom maar.' Ik ben minstens een kop kleiner dan hij en hij laat het gebeuren. We gaan op zijn bed zitten en hij legt zijn hoofd op mijn borst. Ik strijk over zijn haren, zoals ik dat ook bij mijn kinderen doe. Hij huilt. Zijn lijf is klam en ik voel zijn onrustige ademhaling.

'Ik kan mijn spiegelbeeld niet verdragen. O, wat haat ik mezelf.'

'Shhhhh,' zeg ik alleen maar. Ik bekijk zijn verwondingen. Het zijn oppervlakkige krassen.

'Jij weet niet hoe slecht ik ben.'

'Louis, ik heb het licht in jou gezien, niet één keer maar herhaaldelijk. Ik heb vertrouwen in je.' En dan zeg ik: '*All shall be well*,' de echo van Julian van Norwich. Ik meen elk woord dat ik uitspreek, en het is me een raadsel waar ik deze tekst opeens vandaan haal. Hij blijft half op me liggen, we wiegen een beetje heen en weer. Zo zitten we, zwijgend, als een soort levende piëta, met het gekrijs van de apen uit de jungle op de achtergrond.

Ik hoor gehaaste voetstappen buiten en een staflid verschijnt in de deuropening.

'Jezus, Louis. Wat is hier aan de hand?' En dan naar mij: 'Wij nemen het hier over, Willemijn. Dankjewel.'

Ik wens Louis goedenacht en fluister nogmaals '*All shall be well*' in zijn oor.

De volgende dagen vergeet ik kruisen te zetten in mijn schema. Ik heb het te druk met yoga, mediteren, met groepsgesprekken, met lezen, met heftige dromen en met Skypegesprekken met Floris Seriese. Het herhalen dat mijn waarde intrinsiek is gegeven en van niets of niemand afhangt, tientallen of honderd keren per dag, mist na een paar dagen zijn effect niet. Ik ga er bijna in geloven, soms.

Na dertien dagen pak ik mijn koffer. De volgende dag is mijn vertrek. Ik ben inmiddels geneigd Meister Eckhart gelijk te geven. Het wegblijven van Seriese ís het beste wat mij had kunnen overkomen. Ik ga hier blijer weg dan dat ik hier binnenkwam.

In de gemeenschappelijke ruimte neem ik afscheid van de stafleden en van de andere deelnemers. Ik heb met iedereen wel een waardevol moment meegemaakt. Het is mij nog niet eerder overkomen dat ik me in twee weken tijd zo op mijn gemak, zelfs geliefd voelde. Heb ik met mijn classificatie van een stelletje wounded healers de stafleden misschien toch tekortgedaan?

Als ik afscheid neem van Louis, de surfjongen, negeert hij mijn uitgestoken hand en omhelst hij me. Ik zeg hem dat ik veel aan zijn feedback heb gehad.

'Echt?'

'Ja, ik meen het. Dankjewel.'

'Denk je dat je man en kinderen je morgen opwachten op het vliegveld?'

'Ja, dat verwacht ik wel.'

'Wow. Dat is mooi. Ik ben jaloers op je, weet je dat?'

'Jij? Op mij?' Ik vertel hem hoe ik mezelf door zijn ogen zag, op de eerste dag van mijn verblijf hier, in het kringgesprek.

Louis schudt zijn hoofd. 'Je hebt een gezin, een thuis. Je hebt een baan. Weet je wel wat jij allemaal hebt? Waarvoor ik werkelijk alles zou doen om dat te krijgen?'

We omhelzen elkaar nogmaals.

'Beetje werken aan je yoga, hè?' zeg ik ten afscheid.

'Ik zag heus wel dat je tranen in je ogen hebt hoor,' lacht hij. 'Ik ook van jou.'

De volgende ochtend krijg ik mijn paspoort, portemonnee en telefoon terug in het kantoortje. Ik voer de simcode in en open als eerste de groepsapp van ons gezin. Daar staat het berichtje dat R. twee weken stuurde: 'En? Is de goeroe goeroewaardig?'

De reis naar huis duurt veel te lang. Ik heb maagpijn. Eerst denk ik nog dat het komt doordat ik iets verkeerds heb gegeten. Pas na een tijdje herken ik deze pijn. Het is als verliefdheid. Het is de fysieke uiting van mijn peilloos verlangen naar R., L. en F. Naar huis. Ik kan me niet herinneren ooit zo ziek, letterlijk ziek, van gemis te zijn geweest. Eten en drinken gaat niet of nauwelijks.

Alsof het nog iets uitmaakt na vierentwintig uur reizen dring ik op Schiphol een beetje voor om eerder in de aankomsthal te kunnen zijn.

Na de welkomstkussen vraagt L.: 'Wat vind je van de ballon? Zie je, mama? Leuk, hè? Heb ik uitgezocht. Zie je wat erop staat?' Er is een groot hart op getekend met daaronder MOM geschreven.

'Dankjewel. Ik ben zó blij om weer bij jullie te zijn!' zeg ik.

'Maar daarvoor hoefde je toch niet twee weken naar Costa Rica, dat wist je toch al?' zegt F.

Goeroemoe

2018

Het is zaterdagmiddag en ik sta in een volle tram. Ik ben zojuist bij oom Otto op bezoek geweest. Hoewel hij minstens een kop groter is dan mijn overleden vader en hij qua karakter het diapositief van zijn broer is, zie ik bij vlagen ook de gelijkenis. Zoals hij zijn wenkbrauwen optrekt, of een kruimel van zijn kin wegveegt met de top van zijn wijsvinger, dan is het even of mijn vader tegenover me zit.

Het leven van mijn oom is altijd zeer moeizaam geweest, en nu hij meer familie en bekenden 'onder de grond heeft dan erboven' is het helemaal eenzaam, en zijn gezondheid werkt ook al niet mee. Hij wil niet meer leven. Onlangs hebben we samen formulieren ingevuld die zijn wensen preciseren. In verkennende gesprekken met artsen bleek echter dat hij nog veel te gezond en helder was om zijn doodswens te kunnen inwilligen.

Mijn oom was het er niet mee eens. Hij had begin deze week weer de praktijk van de huisarts gebeld. Aan de assistent gaf hij als reden voor de afspraak zijn euthanasiewens. De assistente had geantwoord dat de arts donderdag nog een gaatje had.

'En toen kwam ik daar dus donderdag voor de euthanasie...'

'Bij de huisarts, bedoelt u?'

'Ja. Ik was er klaar voor.'
'Voor de euthanasie?'
'Ja, dat zeg ik toch. Luister je wel? Met dat doel had ik die afspraak toch gemaakt?'
'En toen?'
'De huisarts wilde alleen maar praten over de papieren die ik met jou had ingevuld. En ik maar wachten op dat spuitje.'
'Dus u was in de tram gestapt met de veronderstelling dat uw einde nabij was?'
'Je hoeft niet opeens zo chic te praten. Ja, ik wilde dood. Maar hier zit ik nog steeds, zei de gek. Ze kunnen alles in Nederland. Maar een oude sok doodmaken die niets liever wil dan onder de zoden liggen, ho maar.'

Ik ben op weg van de stad naar huis en ik denk hoe mijn oom eergisteren in de tram moet hebben gezeten, moederziel alleen, in de veronderstelling dat hij de dood tegemoet reed.

Ik kijk om me heen. Naast me staan tieners met plastic tasjes van een goedkope winkel. Ze giebelen onophoudelijk met elkaar. Jongens met petjes achterstevoren leunen tegen de wand, vergroeid met hun mobiele telefoon en koptelefoon. Een oude heer met vettige brillenglazen gaat met moeite zitten en houdt zich tijdens de rit vast aan de stang, alsof hij in een wagentje van de achtbaan zit. Een moeder snauwt haar beweeglijke kindje in de buggy toe. Een modieus geklede man met veel gel in zijn haar voert op luide toon een telefoongesprek. Hij en zijn gesprekspartner hebben onenigheid over een financiële afwikkeling en het gaat van kut en kanker. Een kalende vrouw plaatst haar handtas op haar schoot en bewaakt die met haar leven.

Elke vierkante decimeter van de tram is volgepropt met mensen. Met hun aankopen in levensgrote tassen zijn ze op weg, de een gehaast, de ander onzeker of verdoofd, weer een ander met pijn, met frustraties, stress, voorpret, zorgen, gedoe, verliefdheid, doodsangst, ambities, boosheid of heimelijke verlangens.

Als de tramdeuren sissend sluiten bij de halte Wilhelminaplein, voel ik een warme gloed, alsof ik een mal ben die wordt gevuld met lava. Van het ene op het andere moment ben ik opeens geraakt door het streven van al deze mensen. Ontroerd door het streven van ons. Wij, mensen die zo ons best doen.

Niet langer zie ik verschil tussen de uitbundige tiener en de telefonische ruziezoeker en de vrouw met de handtas. Het enige wat ik voel is hoezeer iedereen moeite doet. Ik zou hen één voor één willen omhelzen. Je hoeft niet zo te rennen. Je bent niet alleen. Je hoeft niet bang te zijn. Het is al goed.

All shall be well.

De afgelopen jaren heb ik geen grootse visioenen of ervaringen gehad. Wel kent mijn leven momenten van ontroering zoals in de tram. Mijn zoektocht is minder extreem en spectaculair. Ik mis de extase, de opwinding. Het buiten zinnen zijn. Wat ik ervoor in de plaats heb gekregen is een warme, verwelkomende, gulle, aardse grondtoon in mijn leven. Meestal ben ik daar blij mee, al blijf ik met enige regelmaat verlangen naar de gelukzalige geestvervoering.

Je bent spoorzoeker of je bent het niet. Mijn zoektocht naar meer, dieper en voller gaat nog steeds door. Ik wil het mysterie verder ontrafelen. In vergelijking met tien jaar geleden verloopt de queeste rustig. Ik heb nu niet meer de verwachting dat mijn leven een andere beslissende wending zal nemen na deze workshop, leergang, zweethut, cursus, healing, retraite of na dit gebed of ritueel. Ik studeer onverminderd door en ben soms geraakt door wat ik lees. De ontroering betreft vaak herkenning of ook wel schoonheid, meer dan dat ik totaal omver word geblazen door een inkijk in een andere werkelijkheid.

Ik heb me, ondanks mijn inmiddels stabiele religiositeit, niet aangesloten bij een kerk of religieuze beweging. Het is niet dat ik een anarchist ben en om die reden tegen instituties zou zijn. Voor mijn religieuze beleving kan ik geen geschikt huis vinden.

Ik vermoed dat dat mede komt doordat mijn kennismaking met religie langs de weg van mystiek, van binnenuit, is gegaan. Mijn kennis van en ervaring met die andere werkelijkheid is uniek en persoonlijk verlopen ('maar niet per se onwaar'!) en ik kan me meestal vinden in sommige onderdelen en standpunten van een kerk, terwijl andere rituelen of praktijken me tegen de borst stuiten.

Ik verloochen of verzwijg mijn religiositeit niet langer. Dat levert regelmatig gesprekken op met atheïsten, die alle even saai, vijandig en voorspelbaar verlopen. Werkelijk élke discussie kan ik van tevoren uittekenen. Ik heb nog nooit een gesprek met een atheïst gevoerd waarin ik dacht: o ja, dit heb ik nog nooit bedacht, of dit is verhelderend. Ik bewonder religieuzen die nog steeds, voor de zoveelste keer, dezelfde dialoog aangaan met atheïsten die de welbekende riedel afsteken. Ik vind het op zijn minst moeizaam, en vaak ook een nare, kwetsende ervaring. Voor de meeste atheïsten is namelijk niets heilig, of het moet de vrijheid van meningsuiting zijn.

Ik weet: de reactie van de atheïsten in mijn omgeving is een spiegel voor mijn eigen gedrag, nog geen tien jaar geleden, en al mijn ergernissen zeggen het meest over mezelf. Hun arrogantie vind ik stuitend. Zij zijn verlicht en wij, religieuzen, zijn dommeriken, wij zijn niet in staat om te zien wat er mis is met onze levensbeschouwing. Op geen enkele manier komt het in hen op dat zíj misschien wel een ervaring missen, een gevoeligheid voor zaken die je niet met het blote oog ziet, of een openheid naar een andere vorm van kennis, die hen ook zou kunnen bereiken. Nee, met hun beperkte want wetenschappelijke, rationele manier kan die andere kennis of werkelijkheid niet bestaan dus is het onzin.

De vanzelfsprekendheid waarmee atheïsten mij als religieuze allerlei meningen en gewoontes toeschrijven komt op een goede tweede plaats in mijn ergernis. Er zijn voor hen twee categorieën: atheïsten en gelovigen. Dat er vele soorten en maten van religies zijn en daarbinnen orthodoxe en mystieke stromingen, wel en niet kerkgebonden gelovigen, wordt niet op waarde geschat. Atheïsten gaan uit van één godsbeeld, en dat is wat zij in hun hoofd hebben. Vanuit dat beeld hebben zij een vastomlijnd idee van wat we zijn en waarin we geloven. Voor atheïsten staat geloven gelijk aan georganiseerde religie staat gelijk aan de paus staat gelijk aan onderdrukking van homoseksuelen en kindermisbruik staat gelijk aan allerlei andere vormen van achterlijkheid. Religie staat verder gelijk aan geloof in de Bijbel dus ook geloof in de hel en de hemel – vanzelfsprekend staat dat voor hen gelijk aan onzin en nog meer fabels.

De continue onderschatting van gelovigen irriteert me ook, met hun atheïstische zogenaamd spitsvondige opmerkingen, alsof zij een redeneerfout in een theorie hebben ontdekt. Zoals Jelte tegen me zei: 'Hoe kan het dat in christelijke samenlevingen altijd Maria een grot in komt lopen, en dat hindoes vissen of olifanten met een stralenkrans zien? Waarom zou Maria alleen aan christenen verschijnen en niet aan boeddhisten of moslims? Nou? Daar hebben jullie geen antwoord op, hè?'

Jelte en andere atheïsten negeren het feit dat Meister Eckhart dit soort fenomenen al heeft bestudeerd en verklaard en dat er heus ook binnen religies aandacht is voor de menselijke constructie in geloofszaken. Een alternatief perspectief zou kunnen zijn dat wij mensen proberen een menselijk gelaat op God te plakken, of de uiterlijke kenmerken van een ander wezen of ding waarmee we bekend zijn. We kunnen niet anders. Dat is onze poging om God te naderen. Dat de ene cultuur dus Maria ziet, en in een andere tijd of cultuur sprake is van een andere verschijning, is dus niet het zoveelste bewijs dat God niet bestaat. Het is een bewijs dat wij mensen werken met de beeldtaal van onze tijd en plaats om te proberen God te kennen.

Waar ik me ook aan stoor is het fanatisme van de atheïsten. Alle religieuzen die ik ken hebben nog geen fractie van de zendingsdrang van atheïsten. Ik heb geen enkele behoefte iemand te overtuigen van mijn visie. Ik gun iedereen een religieus besef, maar ik weet dat er geen rationele weg bestaat naar die andere werkelijkheid. Anders dan wetenschappelijke inzichten verloopt de route naar geloof niet stapje voor stapje, netjes geordend van premisse naar argument naar bewijs. De weg naar het geloof is grillig. Soms komt het geloof je leven binnen via een mystieke ervaring, zoals bij mij, of via een aangeboren oervertrouwen, en bij anderen groeit het godsbesef zonder directe aanleiding. Ton Lathouwers heeft het over een geloofssprong. Ik doe geen poging om atheïsten over te halen, maar andersom proberen zij mij er altijd weer van te overtuigen dat er rationele, wetenschappelijke verklaringen zijn voor bijvoorbeeld mystieke ervaringen. Ze blijken nauwelijks te beseffen hoe weinig verrassend of origineel hun tegenwerpingen zijn.

Een ander vast onderdeel in gesprekken met atheïsten is dat er wordt gewezen naar een te vroeg gestorven kindje, een verschrikkelijk ziekbed van een familielid en uiteindelijk ook de Holocaust. 'Waar was die God van jou toen? Als die God zo machtig is, waarom heeft hij dan niets gedaan?'

Dat ik deze situaties en voorbeelden ook hartverscheurend en onbegrijpelijk vind, en dat ik dit godsbeeld niet onderschrijf, van een God die vanuit Zijn hoofdkwartier straffen uitdeelt en gunsten verleent, is een heilloze discussie, heb ik na tig keer ervaren. Ik heb wel eens geprobeerd Jelte uit te leggen dat ik liever niet spreek over God, maar over een Bron van Zijn, en dat liefde, licht, genade en compassie weliswaar niet God voor mij definiëren, maar wel een omschrijving geven van wat belangrijk is voor mij.

'Ja, zo kan ik het ook. Gewoon alles wat positief is God noemen. Waarin verschilt God dan van liefde? Anders kunnen we al die woorden als compassie en licht en liefde uit ons woordenboek halen en het voortaan over God hebben.'

'God is dat allemaal, en tegelijkertijd overstijgt God al die begrippen.'

'Dat doen gelovigen altijd. Als ze het niet meer kunnen winnen, gaan ze taalspelletjes spelen.'

We doen allebei ons best, maar weer hapert de discussie die maar geen dialoog wil worden.

Het moeilijkste aan militante atheïsten vind ik dat ze alles zeker weten. Deze stelligheid hebben ze overigens gemeen met orthodoxe gelovigen. Beide groepen twijfelen nooit of hun versie van het verhaal de juiste is, beide hebben een dichtgetimmerde wereldvisie en laten de deur nooit op een kier staan om te kijken of er misschien een uitstel van een oordeel wenselijk of mogelijk is.

Mijn weg van de afgelopen tien jaar gaat net zozeer over de wens om het mysterie te ontrafelen als over het afleggen van de zekerheid en het toelaten van de twijfel. Tot voor kort voelde de introductie van de twijfel in mijn leven als verlies. Mijn mening over dit is groen, hier moet je rechtsaf, dit is altijd verkeerd, dit is altijd beter, in zo'n situatie moet je geel handelen, en dit is altijd waar en dat is overal onwaar. Al die meningen en stellingen telden op tot mijn identiteit. Het loslaten van die zekerheden en zekerheidjes verpulverde mijn identiteit en dat deed pijn. Wat het vaarwel zeggen tegen die zekerheden echter opleverde was heel veel extra ademruimte.

Inmiddels zie ik mijn twijfel niet meer als een zwakte. Weer resoneren de zinnen uit Schuagts gedicht:

Meer weet ik niet, meer kan ik je niet zeggen.
En die het weten die vertrouw ik niet.

Ik sta voor mijn boekenkast, ooit begonnen met één boek van Ton Lathouwers op één plank, nu een uitpuilende kast die van vloer tot plafond gevuld is met literatuur uit zeer diverse stromingen. De benaming Spirituele Shit is gehandhaafd, als geuzennaam.

Een paar recent aangeschafte boeken moeten netjes worden ingevoegd en bij het herschikken steekt ergens een beduimeld papiertje uit. Ik trek het tussen de boeken vandaan en vouw het open. Als mijn ogen over de regels gaan moet ik onwillekeurig glimlachen, alsof ik een dierbare foto van vroeger bekijk.

Ik ga met het A4'tje in een stoel zitten. Het is het gebed aan Onze Vader zoals het, in het Aramees, in het vroege christendom is opgeschreven. In de bewerking en vertaling van Bram Moerland luidt de tekst:

Bron van Zijn, die ik ontmoet in wat mij ontroert,
Ik geef u een naam opdat ik u een plaats kan geven in mijn leven.
Bundel uw licht in mij – maak het nuttig.

Vestig uw rijk van eenheid nu,
uw enige verlangen handelt dan samen met het onze.
Voed ons dagelijks met brood en met inzicht.
Maak de koorden van fouten los die ons binden aan het verleden,
opdat wij ook anderen hun misstappen kunnen vergeven.
Laat oppervlakkige dingen ons niet misleiden.

Uit u wordt geboren:
de alwerkzame wil,
de levende kracht om te handelen,
en het lied dat alles verfraait,
en zich van eeuw tot eeuw vernieuwt.

Ik lees het gebed langzaam en fluister de tekst. Mijn lippen vormen de woorden en zinnen voordat ik ze heb gelezen. Een tijd lang heb ik dit gebed dagelijks opgezegd. Destijds kende ik de tekst uit mijn hoofd, maar, zoals dat op mijn weg kennelijk gaat, op een bepaald moment heb ik die routine ingeruild voor dagelijkse zonnegroeten, of een sjamanistisch ritueel of lessen uit *A Course in Miracles*, of andere rituelen, al naargelang de goeroe die op dat moment in mijn leven was.

Wat een fijn weerzien met deze tekst.

Aan het einde van het gebed herhaal ik nog eens, bijna hardop: 'Bundel uw licht in mij, maak het nuttig.' Hier ben ik. Als ik u toch weer eens een keer gewaar zou mogen worden, opdat ik weet wát ik moet doen.

Dan hoor ik, door het open raam, buiten een merel luid en helder zingen.

Referenties

Bras, Kick. *Oog in oog. Christelijke mystiek in woord en beeld.* Middelburg, Skandalon, 2017.

Breemen, Piet van. *Vertrouwd met het geheim.* Gent, Carmelitana, 2008.

Campbell, Joseph. *The Hero's Journey.* Novato, CA, New World Library, 2014.

Cannell, Dollan, regisseur. *The Big Silence.* BBC, 2010.

Cohen, Leonard. 'You want it darker (Hineni)'. *You want it darker*, Columbia, 2016.

Dostojevski, F.M. 'De grootinquisiteur van Sevilla', uit: *De gebroeders Karamazov.* Soesterberg, Aspekt, 2003.

Eckhart, Meister. *Meister Eckhart's sermons. Create Space.* Aeterna Press, 2015.

Foundation for Inner Peace. *A Course in Miracles.* Mill Valley, CA, Foundation for Inner Peace, 2007.

Jong, Leo Raph. A. de. *God als zoekrichting.* Rotterdam, Het Steiger, 2014.

Lathouwers, Ton. *Kloppen waar geen poort is.* Waarbeke, Asoka, 2007.

Lathouwers, Ton. *Meer dan een mens kan doen. Zentoespraken.* Waarbeke, Asoka, 2000.

Leerhuis Spiritualiteit. 'Mystiek op straatniveau'. Leerhuis

Spiritualiteit, www.leerhuisspiritualiteit.nl/index.php/over-ons/mystiek-op-straatniveau.

Meredith, Ellen. *Listening In. Dialogues with the Wiser Self.* Horse Mountain Press, 1993.

Merton, Robert. *The Seven Storey Mountain.* Harcourt, Brace & Company, 1948.

Moerland, Bram, vertaler. 'Het Aramese Jezusgebed'. Bram Moerland, www.brammoerland.com/teksten/ArameseJezus/arameseJezusgebed.

Moerland, Bram. *Gnosis en gnostiek. De bevrijding van de liefde.* Utrecht, AnkHermes, 2015.

Moerland, Bram. *Het Evangelie van Thomas. Het weten van een ongelovige.* Utrecht, AnkhHermes, 2014.

Raphael, Melissa. *The Female Face of God in Auschwitz. A Jewish Feminist Theology of the Holocaust.* Londen, Routledge, 2003.

Reve, Gerard. Brieven aan pater De Greeve. 1965.

Rohr, Richard. *Falling Upward. A spirituality for the two halves of life.* Londen, SPCK, 2013.

Rohr, Richard. *The Naked Now. Learning to See as the Mystics See.* New York, NY, Crossroads Publishing, 2009

Schuagt, Richard. 'Er is vandaag weer veel meer dan er is'. Utrecht, Veen Bosch en Keuning, 1980.

The Sopranos. 'Kennedy and Heidi'. Geschreven en geregisseerd door David Chase, HBO, 2006.

Touber, Tijn. *Spoedcursus Verlichting. Een innerlijk avontuur.* Amsterdam, A.W. Bruna, 2010.

Weber, Max. *Wetenschap als beroep.* Vertaling door Hans Driessen. Nijmegen, Vantilt, 2012.